Gottfried Benn
Statische Gedichte

GOTTFRIED BENN
STATISCHE GEDICHTE

Herausgegeben von Paul Raabe

ARCHE

Copyright © 1948, 1983, 2006 by
Arche Literatur Verlag AG, Zürich-Hamburg
Alle Rechte vorbehalten
Umschlag: Max Bartholl, Frankfurt a. M.,
unter Verwendung eines Fotos von
Erhard Hürsch, Winterthur,
Gottfried Benn, Berlin, Juli 1947
(Dt. Literaturarchiv Marbach a. N.)
Satz: Fotosatz Otto Gutfreund, Darmstadt
Druck und Bindung: Clausen & Bosse, Leck
Printed in Germany
ISBN 3-7160-2356-6

Inhalt

Ach, das ferne Land — 9
Quartär — 10
Chopin 13
Orpheus' Tod 16
Verse 19
Gedichte 21
Bilder 22
Welle der Nacht 23
Am Saum des nordischen Meer's 24
Tag, der den Sommer endet 26
Die Gefährten 27
Dann — 28
V. Jahrhundert 29
Astern 32
September 33
Alle die Gräber 37
Wenn etwas leicht 38
Ein Wort 39
Gärten und Nächte 40
Sils-Maria 42
Ein später Blick 43
Nachzeichnung 44
In Memoriam Höhe 317 47
Verlorenes Ich 48
Henri Matisse: »Asphodèles« 50
Ist das nicht schwerer 51
St. Petersburg —
  Mitte des Jahrhunderts 52
Mittelmeerisch 56
Unanwendbar 57

Einsamer nie — 59
Wer allein ist — 60
Spät im Jahre — 61
Suchst du — 62
Der Traum 63
Anemone 65
O gib — 66
Liebe 67
Turin 68
Leben — niederer Wahn 69
Ach, das Erhabene 70
Sommers 71
Abschied 72
Die Form — 74
Statische Gedichte 75

Paul Raabe
Gottfried Benn und der Arche Verlag
Zur Druckgeschichte der »Statischen Gedichte« 83

Editorische Notiz 126

STATISCHE GEDICHTE

ACH, DAS FERNE LAND —

Ach, das ferne Land,
wo das Herzzerreißende
auf runden Kiesel
oder Schilffläche libellenflüchtig
anmurmelt,
auch der Mond
verschlagenen Lichts
— halb Reif, halb Ährenweiß —
den Doppelgrund der Nacht
so tröstlich anhebt —

ach, das ferne Land,
wo vom Schimmer der See'n
die Hügel warm sind,
zum Beispiel Asolo, wo die Duse ruht,
von Pittsburg trug sie der »Duilio« heim,
alle Kriegsschiffe, auch die englischen, flaggten halbmast,
als er Gibraltar passierte —

dort Selbstgespräche
ohne Beziehungen auf Nahes,
Selbstgefühle,
frühe Mechanismen,
Totemfragmente
in die weiche Luft —
etwas Rosinenbrot im Rock —,
so fallen die Tage,
bis der Ast am Himmel steht,
auf dem die Vögel einruhn
nach langem Flug.

QUARTÄR —

I.

Die Welten trinken und tränken
sich Rausch zu neuem Raum
und die letzten Quartäre versenken
den ptolemäischen Traum.
Verfall, Verflammen, Verfehlen —
in toxischen Sphären, kalt,
noch einige stygische Seelen,
einsame, hoch und alt.

II.

Komm — laß sie sinken und steigen,
die Cyclen brechen hervor:
uralte Sphinxe, Geigen
und von Babylon ein Tor,
ein Jazz vom Rio del Grande,
ein Swing und ein Gebet —
an sinkenden Feuern, vom Rande,
wo alles zu Asche verweht.

Ich schnitt die Gurgel den Schafen
und füllte die Grube mit Blut,
die Schatten kamen und trafen
sich hier — ich horchte gut —,
ein Jeglicher trank, erzählte
von Schwert und Fall und frug,
auch stier- und schwanenvermählte
Frauen weinten im Zug.

Quartäre Cyclen – Scenen,
doch keine macht dir bewußt,
ist nun das Letzte die Tränen
oder ist das Letzte die Lust
oder beides ein Regenbogen,
der einige Farben bricht,
gespiegelt oder gelogen —
du weißt, du weißt es nicht.

III.

Riesige Hirne biegen
sich über ihr Dann und Wann
und sehen die Fäden fliegen,
die die alte Spinne spann,
mit Rüsseln in jede Ferne
und an alles, was verfällt,
züchten sich ihre Kerne
die sich erkennende Welt.

Einer der Träume Gottes
blickte sich selber an,
Blicke des Spiels, des Spottes
vom alten Spinnenmann,
dann pflückt er sich Asphodelen
und wandert den Styxen zu —,
laß sich die Letzten quälen,
laß sie Geschichte erzählen —
Allerseelen —
Fini du Tout.

CHOPIN

Nicht sehr ergiebig im Gespräch,
Ansichten waren nicht seine Stärke,
Ansichten reden drum herum,
wenn Delacroix Theorien entwickelte,
wurde er unruhig, er seinerseits konnte
die Notturnos nicht begründen.

Schwacher Liebhaber;
Schatten in Nohant,
wo George Sands Kinder
keine erzieherischen Ratschläge
von ihm annahmen.

Brustkrank in jener Form
mit Blutungen und Narbenbildung,
die sich lange hinzieht;
stiller Tod
im Gegensatz zu einem
mit Schmerzparoxysmen
oder durch Gewehrsalven:
man rückte den Flügel (Erard) an die Tür
und Delphine Potocka
sang ihm in der letzten Stunde
ein Veilchenlied.

Nach England reiste er mit drei Flügeln:
Pleyel, Erard, Broadwood,
spielte für 20 Guineen abends
eine Viertelstunde
bei Rothschilds, Wellingtons, im Strafford House

und vor zahllosen Hosenbändern;
verdunkelt von Müdigkeit und Todesnähe
kehrte er heim
auf den Square d'Orléans.

Dann verbrennt er seine Skizzen
und Manuskripte,
nur keine Restbestände, Fragmente, Notizen,
diese verräterischen Einblicke —,
sagte zum Schluß:
»meine Versuche sind nach Maßgabe dessen vollendet,
was mir zu erreichen möglich war.«

Spielen sollte jeder Finger
mit der seinem Bau entsprechenden Kraft,
der vierte ist der schwächste
(nur siamesisch zum Mittelfinger).
Wenn er begann, lagen sie
auf e, fis, gis, h, c.

Wer je bestimmte Präludien
von ihm hörte,
sei es in Landhäusern oder
in einem Höhengelände
oder aus offenen Terrassentüren
beispielsweise aus einem Sanatorium,
wird es schwer vergessen.

Nie eine Oper komponiert,
keine Symphonie,
nur diese tragischen Progressionen
aus artistischer Überzeugung
und mit einer kleinen Hand.

ORPHEUS' TOD

Wie du mich zurückläßt, Liebste —,
Von Erebos gestoßen,
dem unwirtlichen Rhodope
Wald herziehend,
zweifarbige Beeren,
rotglühendes Obst —
Belaubung schaffend,
die Leier schlagend
den Daumen an der Saite!

Drei Jahre schon im Nordsturm!
An Totes zu denken, ist süß,
so Entfernte,
man hört die Stimme reiner,
fühlt die Küsse,
die flüchtigen und die tiefen —,
doch du irrend bei den Schatten!

Wie du mich zurückläßt —,
anstürmen die Flußnymphen,
anwinken die Felsenschönen,
gurren: »Im öden Wald
nur Faune und Schratte, doch du,
Sänger, Aufwölber
von Bronzelicht, Schwalbenhimmeln —,
fort die Töne —
Vergessen —!«

— drohen —!

Und Eine starrt so seltsam.
Und eine Große, Gefleckte,
bunthäutig (»gelber Mohn«)
lockt unter Demut, Keuschheitsandeutungen
bei hemmungsloser Lust — (Purpur
im Kelch der Liebe —!) vergeblich!

drohen —!

Nein, du sollst nicht verrinnen,
du sollst nicht übergehn in
Jole, Dryope, Prokne,
die Züge nicht vermischen mit Atalanta,
daß ich womöglich Eurydike
stammle bei Lais —,

doch: drohen —!

und nun die Steine
nicht mehr der Stimme folgend,
dem Sänger,
mit Moos sich hüllend,
die Äste laubbeschwichtigt,
die Hacken ährenbesänftigt —:
nackte Haune —!

nun wehrlos dem Wurf der Hündinnen,
der wüsten —
nun schon die Wimper naß,
der Gaumen blutet —,

und nun die Leier
hinab den Fluß —

die Ufer tönen —.

VERSE

Wenn je die Gottheit, tief und unerkenntlich
in einem Wesen auferstand und sprach,
so sind es Verse, da unendlich
in ihnen sich die Qual der Herzen brach;
die Herzen treiben längst im Strom der Weite,
die Strophe aber streift von Mund zu Mund,
sie übersteht die Völkerstreite
und überdauert Macht und Mörderbund.

Auch Lieder, die ein kleiner Stamm gesungen,
Indianer, Yakis mit Aztekenwort,
längst von der Gier des weißen Manns bezwungen,
leben als stille Ackerstrophen fort:
»komm, Kindlein, komm im Schmuck der Siebenähren,
komm, Kindlein, komm in Kett' und Yadestein,
der Maisgott stellt ins Feld, uns zu ernähren,
den Rasselstab und du sollst Opfer sein —.«

Das große Murmeln dem, der seine Fahrten
versenkt und angejocht dem Geiste lieh,
Einhauche, Aushauch, Weghauch — Atemarten
indischer Büßungen und Fakirie —,
das große Selbst, der Alltraum, einem jeden
ins Herz gegeben, der sich schweigend weiht,
hält sich in Psalmen und in Veden
und spottet alles Tuns und trotzt der Zeit.

Zwei Welten stehn in Spiel und Widerstreben,
allein der Mensch ist nieder, wenn er schwankt,
er kann vom Augenblick nicht leben,

obwohl er sich dem Augenblicke dankt;
die Macht vergeht im Abschaum ihrer Tücken,
indes ein Vers der Völker Träume baut,
die sie der Niedrigkeit entrücken,
Unsterblichkeit im Worte und im Laut.

GEDICHTE

Im Namen dessen, der die Stunden spendet,
im Schicksal des Geschlechts, dem Du gehört,
hast Du fraglosen Aug's den Blick gewendet
in eine Stunde, die den Blick zerstört,
die Dinge dringen kalt in die Gesichte
und reißen sich der alten Bindung fort,
es gibt nur ein Begegnen: im Gedichte
die Dinge mystisch bannen durch das Wort.

Am Steingeröll der großen Weltruine,
dem Ölberg, wo die tiefste Seele litt,
vorbei am Posilipp der Anjouine,
dem Stauferblut und ihrem Racheschritt:
ein neues Kreuz, ein neues Hochgerichte,
doch eine Stätte ohne Blut und Strang,
sie schwört in Strophen, urteilt im Gedichte,
die Spindeln drehen still: die Parze sang.

Im Namen dessen, der die Stunden spendet,
erahnbar nur, wenn er vorüberzieht
an einem Schatten, der das Jahr vollendet,
doch unausdeutbar bleibt das Stundenlied —,
ein Jahr am Steingeröll der Weltgeschichte,
Geröll der Himmel und Geröll der Macht,
und nun die Stunde, deine: im Gedichte
das Selbstgespräch des Leides und der Nacht.

BILDER

Siehst du auf Bildern in den Galerien
verkrümmte Rücken, graue Mäuler, Falten
anstößiger gedunsener Alten,
die schon wie Leichen durch die Dinge zieh'n,

Brüchige Felle, Stoppeln, käsiger Bart,
blutunterflossenes Fett von Fuselräuschen,
gewandt, für Korn zu prellen und zu täuschen,
den Stummel fischend und im Tuch verwahrt;

Ein Lebensabend, reichliches Dekor,
Reichtum an Unflat, Lumpen, Pestilenzen,
ein Hochhinauf wechselnder Residenzen;
im Leihhaus tags und nachts im Abflußrohr,

Siehst du auf Bildern in den Galerien,
wie diese Alten für ihr Leben zahlten,
siehst du die Züge derer, die es malten,
du siehst den großen Genius —, Ihn.

WELLE DER NACHT

Welle der Nacht —, Meerwidder und Delphine
mit Hyacinthos leichtbewegter Last,
die Lorbeerrosen und die Travertine
weh'n um den leeren istrischen Palast,

Welle der Nacht —, zwei Muscheln miterkoren,
die Fluten strömen sie, die Felsen her,
dann Diadem und Purpur mitverloren,
die weiße Perle rollt zurück ins Meer.

AM SAUM
DES NORDISCHEN MEER'S

Melancholie der Seele —,
ein Haus, eine Stimme singt,
es ist ein Haus ohne Fehle,
wo englisch money klingt,
ein Heim von heiteren Losen
geselligen Verkehrs,
vier Wände aus Silber und Rosen
am Saum des nordischen Meer's.

Sie singt —, und die hohe Klasse
der Nord- und English-Mann,
die gierige weiße Rasse
hält den Atem an,
auch die Ladies, die erlauchten,
geschmückt mit Pelz und Stein
und den Perlen, den ertauchten
um die Inseln von Bahrein.

Die Stimme singt —, ohne Fehle,
fremde Worte sind im Raum:
»ruhe in Frieden, Seele,
die vollendet süßen Traum —«
vollendet —! und alle trinken
die Schubertsche Litanei
und die Räuberwelten versinken
von Capetown bis Shanghai.

Geschmuggelt, gebrannt, geschunden
in Jurten und Bambuszelt,
die Peitsche durch Niggerwunden,
die Dollars durchs Opiumfeld —:
die hohe Rasse aus Norden,
die abendländische Pracht
im Raum ist still geworden —
aus die Mythe der Macht!

Fern, fern aus Silber und Rosen
das Haus und die Stimme singt
die Lieder, die grenzenlosen,
die ein anderes Volk ihr bringt,
die machen die Macht zur Beute
einer anderen Mächtigkeit:
der Mensch ist ewig und heute
fernen Himmeln geweiht.

Englische — finnische Wände —:
Häuser —, die Stimme singt:
Germany ohne Ende,
wenn german song erklingt,
dann ist es ohne Fehle
und gibt seinen Söhnen Ruh' —,
Melancholie der Seele
der weißen Rasse, du.

TAG, DER DEN SOMMER ENDET

Tag, der den Sommer endet,
Herz, dem das Zeichen fiel:
die Flammen sind versendet,
die Fluten und das Spiel.

Die Bilder werden blasser,
entrücken sich der Zeit,
wohl spiegelt sie noch ein Wasser,
doch auch dies Wasser ist weit.

Du hast eine Schlacht erfahren,
trägst noch ihr Stürmen, ihr Fliehn,
indessen die Schwärme, die Scharen,
die Heere weiter ziehn.

Rosen und Waffenspanner,
Pfeile und Flammen weit —:
die Zeichen sinken, die Banner —:
Unwiederbringlichkeit.

DIE GEFÄHRTEN

Bis du dich selbst vergißt,
so treiben es die Mächte,
im Labyrinth der Schächte
verwandelt bist.

Ein wechselndes Gefühl,
spärliche Fackelbrände,
du tastest und die Wände
sind fremd und kühl.

Einsamer Gang wie nie,
die letzten, die Bewährten
der Jahre, die Gefährten
du ließest sie,

Für wen und welche Macht?
Du siehst der Ufer keines
und nur das Leid ist deines,
das sie entfacht,

Und was sie sagen will,
fühlst du vielleicht nach Jahren,
doch eh' du es erfahren,
ist der Gefährte still.

DANN —

Wenn ein Gesicht, das man als junges kannte
und dem man Glanz und Tränen fortgeküßt,
sich in den ersten Zug des Alters wandte,
den frühen Zauber lebend eingebüßt.

Der Bogen einst, dem jeder Pfeil gelungen,
purpurgefiedert lag das Rohr im Blau,
die Cymbel auch, die jedes Lied gesungen:
— »Funkelnde Schale«, — »Wiesen im
                      Dämmergrau« —,

Dem ersten Zug der zweite schon im Bunde,
ach, an der Stirne hält sie schon die Wacht,
die einsame, die letzte Stunde —,
das ganze liebe Antlitz dann in Nacht.

V. JAHRHUNDERT

I.

»Und Einer stellt die attische Lekythe,
auf der die Überfahrt von Schlaf und Staub
in weißem Grund gemalt als Hadesmythe,
zwischen die Myrthe und das Pappellaub.

Und Einer steckt Cypresse an die Pfosten
der lieben Tür, mit Rosen oft behängt,
nun weißer Thymian, Tarant und Dosten
den letztesmal Gekränzten unterfängt.

Das Mahl. Der Weiheguß. Die Räucherschwaden.
Dann wird ein Hain gepflanzt das Grab umziehn
und eine Flöte singt von den Cykladen,
doch keiner folgt mir in die Plutonien.«

II.

Das Tal stand silbern in Olivenzweigen,
dazwischen war es von Magnolien weiß,
doch alles trug sich schwer, in Schicksalsschweigen,
sie blühten marmorn, doch es fror sie leis.

Die Felder rauh, die Herden ungesegnet,
Kore geraubt und Demeter verirrt,
bis sich die beiden Göttinnen begegnet
am Schwarzen Felsen und Eleusis wird.

Nun glüht sich in das Land die ferne Küste,
du gehst im Zuge, jedes Schicksal ruht,
glühst und zerreißest dich, du bist der Myste
und alte Dinge öffnen dir dein Blut.

III.

Leukée – die weiße Insel des Achill!
Bisweilen hört man ihn den Päan singen,
Vögel mit den vom Meer benetzten Schwingen
streifen die Tempelwand, sonst ist es still.

Anlandende versinken oft im Traum.
Dann sehn sie ihn, er hat wohl viel vergessen,
er gibt ein Zeichen, zwischen den Cypressen,
weiße Cypresse ist der Hadesbaum.

Wer landet, muß vor Nacht zurück aufs Meer.
Nur Helena bleibt manchmal mit den Tauben,
dann spielen sie, an Schatten *nicht* zu glauben:
»— Paris gab dem den Pfeil, den Apfel der —.«

ASTERN

Astern —, schwälende Tage,
alte Beschwörung, Bann,
die Götter halten die Waage
eine zögernde Stunde an.

Noch einmal die goldenen Herden
der Himmel, das Licht, der Flor,
was brütet das alte Werden
unter den sterbenden Flügeln vor?

Noch einmal das Ersehnte,
den Rausch, der Rosen Du —,
der Sommer stand und lehnte
und sah den Schwalben zu,

noch einmal ein Vermuten,
wo längst Gewißheit wacht:
die Schwalben streifen die Fluten
und trinken Fahrt und Nacht.

SEPTEMBER

I.

Du, über den Zaun gebeugt mit Phlox
(vom Regenguß zerspalten,
seltsamen Wildgeruchs),
der gern auf Stoppeln geht,
zu alten Leuten tritt,
die Balsaminen pflücken,
Rauch auf Feldern
mit Lust und Trauer atmet —

aufsteigenden Gemäuers,
das noch sein Dach vor Schnee und Winter will,
kalklöschenden Gesellen
ein: »ach, vergebens« zuzurufen,
nur zögernd sich verhält —

gedrungen eher als hochgebaut,
auch unflätigen Kürbis nackt am Schuh,
fett und gesichtslos, dies Krötengewächs —

Ebenen-entstiegener,
Endmond aller Flammen,
aus Frucht- und Fieberschwellungen
abfallend, schon verdunkelten Gesichts —
Narr oder Täufer,
des Sommers Narr, Nachplapperer, Nachruf
oder der Gletscher Vorlied,
jedenfalls Nußknacker,

Schilfmäher,
Beschäftigter mit Binsenwahrheiten —

vor Dir der Schnee,
Hochschweigen, unfruchtbar
die Unbesambarkeit der Weite:
da langt dein Arm hin,
doch über den Zaun gebeugt
die Kraut- und Käferdränge,
das Lebenwollende,
Spinnen und Feldmäuse —.

II.

Du, ebereschenverhangen
von Frühherbst,
Stoppelgespinst,
Kohlweißlinge im Atem,
laß viele Zeiger laufen,
Kuckucksuhren schlagen,
lärme mit Vespergeläut,
gonge
die Stunde, die so golden feststeht,
so bestimmt dahinbräunt,
in ein zitternd Herz!

Du —: Anderes!
So ruhn nur Götter
oder Gewänder
unstürzbarer Titanen
langgeschaffener,
so tief eingestickt
Falter und Blumen
in die Bahnen!

Oder ein Schlummer früher Art,
als kein Erwachen war,
nur goldene Wärme und Purpurbeeren,
benagt von Schwalben, ewigen,
die nie von dannen ziehn —,
Dies schlage, gonge,
diese Stunde,
denn

wenn du schweigst,
drängen die Säume herab
pappelbestanden und schon kühler.

ALLE DIE GRÄBER

Alle die Gräber, die Hügel
auf Bergen und an See'n,
die ich grub und von deren Wällen
ich die offene Erde gesehn,

die ich trug und weiter trage
als Tang und Muscheln im Haar,
die ich frug und weiter frage,
wie das Meer am Grunde denn war —,

Alle die Gräber, die Hügel,
in denen ich war und bin,
jetzt streift ein weißer Flügel
manchmal über sie hin,

der kann die Kränze nicht heben,
nicht wecken der Rosen Schein,
die ich hinabgegeben,
doch ein Wandelndes deutet er ein.

WENN ETWAS LEICHT

Wenn etwas leicht und rauschend um dich ist
wie die Glycinienpracht an dieser Mauer,
dann ist die Stunde jener Trauer,
daß du nicht reich und unerschöpflich bist,

Nicht wie die Blüte oder wie das Licht:
in Strahlen kommend, sich verwandelnd,
an ähnlichen Gebilden handelnd,
die alle nur der eine Rausch verflicht,

der eine Samt, auf dem die Dinge ruh'n
so strömend und so unzerspalten,
die Grenze zieh'n, die Stunden halten
und nichts in jener Trauer tun.

EIN WORT

Ein Wort, ein Satz —: aus Chiffern steigen
erkanntes Leben, jäher Sinn,
die Sonne steht, die Sphären schweigen
und alles ballt sich zu ihm hin.

Ein Wort —, ein Glanz, ein Flug, ein Feuer,
ein Flammenwurf, ein Sternenstrich —,
und wieder Dunkel, ungeheuer,
im leeren Raum um Welt und Ich.

GÄRTEN UND NÄCHTE

Gärten und Nächte, trunken
von Tau und alter Flut,
ach, wieder eingesunken
dem bilderlosen Blut,
aus Wassern und aus Weiden
ein Atem, glutbewohnt,
verdrängt das Nichts, das Leiden
vom letzten, leeren Mond.

Ach, hinter Rosenblättern
versinken die Wüsten, die Welt,
laß sie den Rächern, den Rettern,
laß sie dem Held,
laß sie dem Siegfried, dem Hagen,
denke: ein Lindenblatt
das Drachenblut geschlagen
und die Wunde gegeben hat.

Nacht von der Schwärze der Pinien,
hoch von Planeten porös,
tief von Phlox und Glycinien
libidinös,
hüftig schwärmen die Horen,
raffen die Blüte, das Kraut
und verschütten mit Floren
Herkules' Löwenhaut.

Sinkend an sie, an beide,
ihr feuchtes Urgesicht,
ein Wasser und eine Weide,
du schauerst nicht —,
mit Menschen nichts zu sagen
und Haus und Handeln leer,
doch Gärten und Nächte tragen
ein altes Bild dir her.

SILS-MARIA

I.

In den Abend rannen die Stunden,
er lauschte im Abhangslicht
ihrer Strophe: »alle verwunden,
die letzte bricht...«

Das war zu Ende gelesen.
Doch wer die Stunden denkt:
ihre Welle, ihr Spiel, ihr Wesen,
der hat die Stunden gelenkt —:

Ein Alles-zum-Besten-Nenner
den trifft die Stunde nicht,
ein solcher Schattenkenner
der trinkt das Parzenlicht.

II.

Es war kein Schnee, doch Leuchten,
das hoch herab geschah,
es war kein Tod, doch deuchten
sich alle todesnah —,
es war so weiß, kein Bitten
durchdrang mehr das Opal,
ein ungeheures: Gelitten
stand über diesem Tal.

EIN SPÄTER BLICK

Du, überflügelnd deine Gründe,
den ganzen Strom im Zug zurück,
den Wurzelquell, den Lauf, die Münde
als Bild im späten Späherblick.

Da ist nichts jäh, da ist nichts lange,
all eins, ob steinern, ob belebt,
es ist die Krümmung einer Schlange,
von der sich eine Zeichnung hebt:

Ein Großlicht tags, dahinter Sterne,
ein Thron aus Gold, ein Volk in Müh'n,
und dann ein Land, im Aufgang, ferne,
in dem die Gärten schweigend blüh'n.

Ein später Blick —, nichts jäh, nichts lange,
all eins, ob dämmernd, ob erregt,
es ist die Krümmung einer Schlange,
die sich zu fremdem Raub bewegt.

Erkenntnis — Dir, doch nichts zu künden
und nichts zu schließen, nichts zu sein —,
du, flügelnd über deinen Gründen,
und einer zieht dich dann hinein.

NACHZEICHNUNG

I.

O jene Jahre! Der Morgen grünes Licht,
auch die noch nicht gefegten Lusttrottoire —,
der Sommer schrie von Ebenen in der Stadt
und sog an einem Horn,
das sich von oben füllte.

Lautlose Stunde. Wässrige Farben
eines hellgrünen Aug's verdünnten Strahls,
Bilder aus diesem Zaubergrün, gläserne Reigen:
Hirten und Weiher, eine Kuppel, Tauben —
gewoben und gesandt, erglänzt, erklungen —,
verwandelbare Wolken eines Glücks!

So standest Du vor Tag: die Spring-
brunnen noch ohne Perlen, tatenlos
Gebautes und die Steige; die Häuser
verschlossen, du *erschufst*
den Morgen, jasminene Frühe,
sein Jauchzen, uranfänglich
sein Strahl —, noch ohne Ende —, o jene Jahre!

Ein Unauslöschliches im Herzen,
Ergänzungen vom Himmel und der Erde;
Zuströmendes aus Schilf und Gärten,
Gewitter abends
tränkten die Dolden ehern,
die barsten dunkel, gespannt von ihren Seimen;

und Meer und Strände,
bewimpelte mit Zelten,
glühenden Sandes trächtig,
bräunende Wochen, gerbend alles
zu Fell für Küsse, die niedergingen
achtlos und schnell verflogen
wie Wolkenbrüche!

Darüber hing die Schwere
auch jetzt —, doch Trauben
aus ihr,

die Zweige niederziehend und wieder hochlassend,
nur einige Beeren,
wenn du mochtest,
erst —,

noch nicht so drängend und überhangen
von kolbengroßen Fruchtfladen,
altem schwerem Traubenfleisch —,

o jene Jahre!

II.

Dunkle Tage des Frühlings,
nicht weichender Dämmer um Laub;
Fliederblüte gebeugt, kaum hochblickend
narzissenfarben und starken Todesgeruchs,
Glückausfälle,
sieglose Trauer des Unerfüllten.

Und in den Regen hinein,
der auf das Laub fällt,
höre ich ein altes Wälderlied,
von Wäldern, die ich einst durchfuhr
und wiedersah, doch ich ging nicht
in die Halle, wo das Lied erklungen war,
die Tasten schwiegen längst,
die Hände ruhten irgendwo,
gelöst von jenen Armen, die mich hielten,
zu Tränen rührten,
Hände aus den Oststeppen,
blutig zertretenen längst —,
nur noch ihr Wälderlied
in den Regen hinein
an dunklen Tagen des Frühlings
den ewigen Steppen zu.

IN MEMORIAM HÖHE 317

Auf den Bergen, wo
Unbekannte nachten
nicht auf Sarg und Stroh
Opfer aus den Schlachten —:
wie die Stunde rinnt,
spürst du's nicht im Ohr —,
eine Spinne spinnt
Netze vor das Tor.

Auf den Bergen, die
Art von Leben tragen,
daß man schauert, wie
nah die Quellen lagen,
wie die Stunde rinnt,
spürst du's nicht im Ohr,
von den Bergen rinnt,
spinnt ein Aschenflor.

Ach, dem Berge, den
Frucht und Sommer kränzt,
ist nicht anzusehn
all das Ungeglänzt,
wie die Stunde rinnt,
spürst du's nicht im Ohr,
wie vom Berg im Wind
schluchzt ein Schattenchor.

VERLORENES ICH

Verlorenes Ich, zersprengt von Stratosphären,
Opfer des Ion —: Gamma-Strahlen-Lamm —,
Teilchen und Feld —: Unendlichkeitschimären
auf deinem grauen Stein von Notre-Dame.

Die Tage geh'n dir ohne Nacht und Morgen,
die Jahre halten ohne Schnee und Frucht
bedrohend das Unendliche verborgen —,
die Welt als Flucht.

Wo endest du, wo lagerst du, wo breiten
sich deine Sphären an —, Verlust, Gewinn —:
Ein Spiel von Bestien: Ewigkeiten,
an ihren Gittern fliehst du hin.

Der Bestienblick: die Sterne als Kaldaunen,
der Dschungeltod als Seins- und Schöpfungsgrund,
Mensch, Völkerschlachten, Katalaunen
hinab den Bestienschlund.

Die Welt zerdacht. Und Raum und Zeiten
und was die Menschheit wob und wog,
Funktion nur von Unendlichkeiten —,
die Mythe log.

Woher, wohin —, nicht Nacht, nicht Morgen,
kein Evoë, kein Requiem,
du möchtest dir ein Stichwort borgen —,
allein bei wem?

Ach, als sich alle einer Mitte neigten
und auch die Denker nur den Gott gedacht,
sie sich den Hirten und dem Lamm verzweigten,
wenn aus dem Kelch das Blut sie rein gemacht,

und alle rannen aus der einen Wunde,
brachen das Brot, das jeglicher genoß —,
oh ferne zwingende erfüllte Stunde,
die einst auch das verlor'ne Ich umschloß.

HENRI MATISSE: »ASPHODÈLES«

»Sträuße — doch die Blätter fehlen,
Krüge — doch wie Urnen breit,
— Asphodelen,
der Proserpina geweiht —.«

IST DAS NICHT SCHWERER

Ist das nicht schwerer wie Kummer:
Wände aus Stein, aus Glas,
Räume zu Essen, zu Schlummer —
trägst du denn das?

Ist dann nicht alles zu Ende,
Schatten aus Felsen, aus Stein
schließen die Tore, die Wände,
schließen dich ein?

Denkst du nicht dann allen Leides,
aller zerstörenden Macht,
wie eines Feierkleides,
wie einer Fackelnacht —,

Abende, reine Vernichtung,
wo im Gartengestühl,
— Atemloser Verdichtung —
Abende —, Vorgefühl

jeder Scheidung von Treue,
von verbundendstem Du
dich bedrängen und neue
Qualen wachsen dir zu,

Sein ohne Ruhe und Schlummer,
unaufhebbare Not —:
denkst du nicht doch dann der Kummer
wie an ein großes Gebot?

ST. PETERSBURG —
MITTE DES JAHRHUNDERTS

»Jeder, der einem anderen hilft,
ist Gethsemane,
Jeder, der einen anderen tröstet,
ist Christi Mund«,
singt die Kathedrale des Heiligen Isaak,
das Alexander-Newsky-Kloster,
die Kirche des Heiligen Peter und Paul,
in der die Kaiser ruhn,
sowie die übrigen hundertzweiundneunzig griechischen,
acht römisch-katholischen,
eine anglikanische, drei armenische,
lettische, schwedische, estnische,
finnische Kapellen.

Wasserweihe
der durchsichtigen blauen Newa
am Dreikönigstag.
Sehr gesundes Wasser, führt die fremden Stoffe ab.
Trägt die herrlichen Schätze heran
für das Perlmutterzimmer,
das Bernsteinzimmer
von Zarskoje Selo
in den Duderhoffschen Bergen,
den himmelblauen sibirischen Marmor
für die Freitreppen.
Kanonensalven
wenn sie auftaut,
Tochter der See'n
Onega und Ladoga!

Vormittagskonzert im Engelhardtschen Saal,
Madame Stepanow,
die Glinka's »Das Leben für den Zaren«
kreiert hatte, schreit unnatürlich,
Worojews Bariton hat schon gelitten.
An einem Pfeiler
mit vorstehenden weißen Zähnen,
afrikanischer Lippe,
ohne Brauen,
Alexander Sergeitsch (Puschkin).

Neben ihm Baron Brambeus,
dessen »großer Empfang beim Satan«
als Gipfel der Vollkommenheit gilt.
Violincellist: Davidoff.
Und dann die russischen Bässe: ultratief,
die normalen Singbässe vielfach in der Oktave
verdoppelnd,
das Contra C rein und voll,
aus zwanzig Kehlen
ultratief.

Zu den Inseln!
Namentlich Kretowsky — Lustort, Lustwort —,
Baschkiren, Bartrussen, Renntiersamojeden
auf Sinnlichkeits- und Übersinnlichkeitserwerb!
Erster Teil:
»Vom Gorilla bis zur Vernichtung Gottes«,
Zweiter Teil:
»Von der Vernichtung Gottes bis zur Verwandlung
des physischen Menschen« —
Kornschnaps!

Das Ende der Dinge
Ein Branntweinschluckauf
Ultratief!

Raskolnikow
(als Ganzes weltanschaulich stark bedrängt)
betritt Kabak,
ordinäre Kneipe.
Klebrige Tische,
Ziehharmonika,
Dauertrinker,
Säcke unter den Augen,
Einer bittet ihn
»zu einer vernünftigen Unterhaltung«,
Heuabfälle im Haar.
(Anderer Mörder:
Dorian Gray, London,
Geruch des Flieders,
honigfarbener Goldregen
am Haus —, Parktraum —
betrachtet Ceylonrubin für Lady B.,
bestellt Gamelangorchester.)

Raskolnikow,
stark versteift,
wird erweckt durch Sonja »mit dem gelben Billet«
(Prostituierte. Ihr Vater
steht der Sache »im Gegenteil tolerant gegenüber«),
sie sagt:
»Steh auf! Komm sofort mit!
Bleib am Kreuzweg stehn,
Küsse die Erde, die du besudelt,

vor der du gesündigt hast,
verneige dich dann vor aller Welt,
sage allen laut:
Ich bin der Mörder —,
willst du?
Kommst du mit?« —
und er kam mit.

Jeder, der einen anderen tröstet,
ist Christi Mund —

MITTELMEERISCH

Ach, aus den Archipelagen,
da im Orangengeruch
selbst die Trümmer sich tragen
ohne Tränen und Fluch,

strömt in des Nordens Düster,
Nebel- und Niflheim,
Runen und Lurengeflüster
mittelmeerisch ein Reim:

Schließlich im Grenzenlosen
eint sich Wahrheit und Wahn,
wie in der Asche der Rosen
schlummert der Kiesel, Titan,

dein aber ist das Schreiten,
dein die Grenze, die Zeit,
glaube den Ewigkeiten,
ford're sie nicht zu weit,

aus ihrer halben Trauer,
rosen- und trümmerschwer,
schaffe den Dingen Dauer —,
strömt es vom Mittelmeer.

UNANWENDBAR

Du wolltest nichts, als das Gebot vollenden,
zu dem zwei Völker sich in dir vereint;
aus fernen Stunden, Gipfeln und Geländen,
Hirtengeräten, Jagdzeug, Säerhänden,
stieg eine Sehnsucht, die die Tat verneint —:
»zurück, zurück, wo still die Wasser stehn
und Glück um Glück zum Strand die Rosen wehn.«

Anschauen, Prüfen, Bildersammeln —: Worte,
darin Zusammenhang, erfahrener Sinn;
ordnendes Sein: Gedichte —: reine Horte
groß unanwendbaren Geblüts, die Pforte
in die Erinnerung, den Anbeginn —:
»zurück, zurück, wo still die Wasser stehn,
du bist Erinnerung an Urgeschehn.«

Die Jäger, Säer, Hirten dröhnen
mit ihrem Ahnennotgerät,
du hörst hinweg, du siehst die schönen
Gebilde, die die Welt versöhnen,
die ewig sind und nie zu spät —:
»doch noch nach Jahren büßt du für die Stunden,
darin du sie empfangen und empfunden.«

Krank, kunstbedürftig, im Verfall erhalten,
da ein Zusammenhang sich hebt und weckt;
entartet —, doch im Hauch der Weltgewalten,
du siehst ja in den herrlichsten Gestalten

den Tod von Zweig und Blüten zugedeckt —:
wer die Zerstörung flieht, wird niemals stehn,
»wo Glück um Glück zum Strand die Rosen wehn.«

EINSAMER NIE —

Einsamer nie als im August:
Erfüllungsstunde —, im Gelände
die roten und die goldenen Brände,
doch wo ist deiner Gärten Lust?

Die Seen hell, die Himmel weich,
die Äcker rein und glänzen leise,
doch wo sind Sieg und Siegsbeweise
aus dem von dir vertretenen Reich?

Wo alles sich durch Glück beweist
und tauscht den Blick und tauscht die Ringe
im Weingeruch, im Rausch der Dinge —:
dienst du dem Gegenglück, dem Geist.

WER ALLEIN IST —

Wer allein ist, ist auch im Geheimnis,
immer steht er in der Bilder Flut,
ihrer Zeugung, ihrer Keimnis,
selbst die Schatten tragen ihre Glut.

Trächtig ist er jeder Schichtung
denkerisch erfüllt und aufgespart,
mächtig ist er der Vernichtung
allem Menschlichen, das nährt und paart.

Ohne Rührung sieht er, wie die Erde
eine andere ward, als ihm begann,
nicht mehr Stirb und nicht mehr Werde:
formstill sieht ihn die Vollendung an.

SPÄT IM JAHRE —

Spät im Jahre, tief im Schweigen
dem, der ganz sich selbst gehört,
werden Blicke niedersteigen,
neue Blicke, unzerstört.

Keiner trug an deinen Losen,
keiner frug, ob es gerät —,
Saum von Wunden, Saum von Rosen —,
weite Blicke, sommerspät.

Dich verstreut und dich gebunden,
dich verhüllt und dich entblößt —,
Saum von Rosen, Saum von Wunden —,
letzte Blicke, selbsterlöst.

SUCHST DU —

Suchst du die Zeichen des Alten
Ur-Alten vor Berg und Tal,
Wandel der Gestalten,
Anbruch menschlicher Qual,

wendend die Züge des Sinnes,
ausgelittener Ruh'
Endes wie Beginnes
dem Unstillbaren zu,

ach, nur im Werk der Vernichter
siehst du die Zeichen entfacht:
kühle blasse Gesichter
und das tiefe: Vollbracht.

DER TRAUM

Wenn ich dies höre: Zisa und Menami,
Normannenschlösser an verklärter See,
oder das jetzt genannte: Cubola,
so lösen sie sich von den Bogenbrücken,
auch aus dem Felsreich und den Rosengärten,
verwehn sich in den alten toten Traum.

Nur die Cypresse bleibt an ihrer Schulter,
mit dieser treiben sie: einmal die Meere;
dann dieses ewig strahlende Gewölbe,
dies unangreifbare; und dann die Stunden,
unzählbare, nie mangelnde, erfüllte —:
durch dieses treiben sie. Ein toter Traum,
doch tief in sich vereint, auf Nichts auf Erden
bezieh'n sich seine Namen und sein Laut.
Ich trage ihn —: doch wer das ist,
ist nicht die Frage dessen, der sie leidet,
doch dessen Trauer ist sie, eine Trauer,
in die sich Tod mit hoher Lust verstreut,
doch nie das Schweigen bricht.

Oder mich streifen abends die Levkoien,
die nelkenartigen, auch Giroflée —:
ein Garten, hochgemauert, ob des Fleckens,
der ihn mit Lagern, Speichern, Schieferdächern
umzingelt und umspannt —, doch dann
genannter Blumen selbstgelüster Hauch,
darin der Sommer stockt und sich bewacht
und seinen Heimgang fühlt —, auch dies treibt mit,
verwandelnd sich in Flüchtigkeit, in Traum.

Wenn man Klematis auf die Wogen streute,
so schwankte kaum die Färbung *dieses* Meers:
Arearea —, auch in weißen Kratern
das ozeanisch Blau —, und kniend Frauen,
kaum in Zusammenhängen von Gestalt,
hoch hingehängt die Häupter in den Dämmer,
der auch in Blumen sich vollendet schiene,
den Schöpfungsdämmer —, Noa-Noa —, Traum.

Gleichzeitig sind die Welten dieses Traums,
einräumig ebenso, sie wehn und fallen.
Mischfarben, Halbblau der Kartoffelblüte,
Latenz der Formen dort —, hier reine Bilder.
Das eine Boot zieht falsche Segel auf,
verleugnet Art und Herkunft, täuscht die Meere,
das andre Boot fährt immer hochbekränzt,
denn es ist unangreifbar —: dieses ist es,
das seine Ketten senkt in frühen Traum.

ANEMONE

Erschütterer —: Anemone,
die Erde ist kalt, ist Nichts,
da murmelt deine Krone
ein Wort des Glaubens, des Lichts.

Der Erde ohne Güte,
der nur die Macht gerät,
ward deine leise Blüte
so schweigend hingesät.

Erschütterer —: Anemone,
du trägst den Glauben, das Licht,
den einst der Sommer als Krone
aus großen Blüten flicht.

O GIB —

Ach, hin zu deinem Munde,
du Tag vor Feiertag,
Sonnabendrosenstunde,
da man noch hoffen mag!

Der Fächer noch geschlossen,
das Horn noch nicht geleert,
das Licht noch nicht verflossen,
die Lust noch nicht gewährt!

O gib — Du, vor Entartung
zu Ich und Weltverwehr,
die bebende Erwartung,
der reinen Wiederkehr.

Kein Trennen, kein Verneinen
von Denken und Geschehn;
ein Wesens-Vereinen,
von Oxford und Athen,

Kein Hochgefühl von Räumen
und auch Erlösung nicht,
nur Stunden, nur Träumen —
o gib dein Kerzenlicht.

LIEBE

Liebe — halten die Sterne
über den Küssen Wacht,
Meere — Eros der Ferne —
rauschen, es rauscht die Nacht,
steigt um Lager, um Lehne,
eh' sich das Wort verlor,
Anadyomene
ewig aus Muscheln vor.

Liebe —, schluchzende Stunden
Dränge der Ewigkeit
löschen ohne viel Wunden
ein paar Monde der Zeit,
landen — schwärmender Glaube —! —
Arche und Ararat
sind dem Wasser zu Raube,
das keine Grenzen hat.

Liebe —, du gibst die Worte
weiter, die dir gesagt,
Reigen, — wie sind die Orte
von Verwehtem durchjagt,
Tausch — und die Stunden wandern
und die Flammen wenden sich,
zwischen Schauern von andern
gibst du und nimmst du dich.

TURIN

»Ich laufe auf zerrissenen Sohlen«,
schrieb dieses große Weltgenie
in seinem letzten Brief —, dann holen
sie ihn nach Jena —; Psychiatrie.

Ich kann mir keine Bücher kaufen,
ich sitze in den Librairien:
Notizen —, dann nach Aufschnitt laufen: —
das sind die Tage von Turin.

Indes Europas Edelfäule
an Pau, Bayreuth und Epsom sog,
umarmte er zwei Droschkengäule,
bis ihn sein Wirt nach Hause zog.

LEBEN — NIEDERER WAHN

Leben — niederer Wahn!
Traum für Knaben und Knechte,
doch du von altem Geschlechte,
Rasse am Ende der Bahn,

was erwartest du hier?
immer noch eine Berauschung,
eine Stundenvertauschung
von Welt und dir?

Suchst du noch Frau und Mann?
ward dir nicht alles bereitet,
Glauben und wie es entgleitet
und die Zerstörung dann?

Form nur ist Glaube und Tat,
die erst von Händen berührten,
doch dann den Händen entführten
Statuen bergen die Saat.

ACH, DAS ERHABENE

Nur der Gezeichnete wird reden
und das Vermischte bleibe stumm,
es ist die Lehre nicht für jeden,
doch keiner sei verworfen drum.

Ach, das Erhab'ne ohne Strenge,
so viel umschleiernd, tief versöhnt,
ganz unerfahrbar für die Menge,
da es aus einer Wolke tönt.

Nur wer ihm dient, ist auch verpflichtet,
es selbst verpflichtet nicht zum Sein,
nur wer sich führt, nur wer sich schichtet,
tritt in das Joch der Höhe ein.

Nur wer es trägt, ist auch berufen,
nur wer es fühlt, ist auch bestimmt —:
da ist der Traum, da sind die Stufen
und da die Gottheit, die es nimmt.

SOMMERS

Du — vor dem Sein der hocherglühten Tage
mit ihrem Blau von Nie- und Nieverwehn
streift dich nicht eine Flamme, eine Frage,
ein Doppelbild aus Ich und Raumgeschehn,

Du — der von Äon's Schöpfungsliedern allen
immer nur eines Reims gewußt und eines Lichts:
»Ach, du Hinfälliger — in eigene Fallen —«
»Ach, du Erleuchteter — vom eigenen Nichts —«.

So niederen Rangs, kaum bei den Bakkalauren,
wenn sich die Menschheit prüft und tief bespricht:
vor diesem Blau vom Doppel der Centauren
streift dich das schwere Sein der Himmel nicht?

ABSCHIED

Du füllst mich an wie Blut die frische Wunde
und rinnst hernieder seine dunkle Spur,
Du dehnst dich aus wie Nacht in jener Stunde,
da sich die Matte färbt zur Schattenflur,
Du blühst wie Rosen schwer in Gärten allen,
Du Einsamkeit aus Alter und Verlust,
Du Überleben, wenn die Träume fallen,
zuviel gelitten und zuviel gewußt.

Entfremdet früh dem Wahn der Wirklichkeiten,
versagend sich der schnell gegebenen Welt,
Ermüdet von dem Trug der Einzelheiten,
da keine sich dem tiefen Ich gesellt;
nun aus der Tiefe selbst, durch nichts zu rühren,
und die kein Wort und Zeichen je verrät,
mußt du dein Schweigen nehmen, Abwärtsführen
zu Nacht und Trauer und den Rosen spät.

Manchmal noch denkst du dich —: die eigene Sage —:
das warst du doch —? ach, wie du dich vergaßt!
war das dein Bild? war das nicht deine Frage,
dein Wort, dein Himmelslicht, das du besaßt?
Mein Wort, mein Himmelslicht, dereinst besessen,
mein Wort, mein Himmelslicht, zerstört, vertan —,
wem das geschah, der muß sich wohl vergessen
und rührt nicht mehr die alten Stunden an.

Ein letzter Tag —: spätglühend, weite Räume,
ein Wasser führt dich zu entrücktem Ziel,
ein hohes Licht umströmt die alten Bäume
und schafft im Schatten sich ein Widerspiel,
von Früchten nichts, aus Ähren keine Krone
und auch nach Ernten hat er nicht gefragt —,
er spielt sein Spiel, und fühlt sein Licht und ohne
Erinnern nieder — alles ist gesagt.

DIE FORM —

Die Form, die Formgebärde,
die sich ergab, die wir uns gaben —,
du bist zwar Erde,
doch du mußt sie graben.

Du wirst nicht ernten,
wenn jene Saat ersteht
in den Entfernten,
dein Bild ist längst verweht.

Riefst den Verlorenen,
Tschandalas, Parias —, du,
den Ungeborenen
ein Wort des Glaubens zu.

STATISCHE GEDICHTE

Entwicklungsfremdheit
ist die Tiefe des Weisen,
Kinder und Kindeskinder
beunruhigen ihn nicht,
dringen nicht in ihn ein.

Richtungen vertreten,
Handeln,
Zu- und Abreisen
ist das Zeichen einer Welt,
die nicht klar sieht.
Vor meinem Fenster,
— sagt der Weise —
liegt ein Tal,
darin sammeln sich die Schatten,
zwei Pappeln säumen einen Weg,
du weißt — wohin.

Perspektivismus
ist ein anderes Wort für seine Statik:
Linien anlegen,
sie weiterführen
nach Rankengesetz —,
Ranken sprühen —,
auch Schwärme, Krähen,
auswerfen in Winterrot von Frühhimmeln,

dann sinken lassen —,

du weißt — für wen.

12. XII 1948   Berlin.

Sehr verehrter Herr Schifferli,

zu Weihnachten und zu Neujahr möchte
ich Ihnen einen Gruß senden und
der Hoffnung Ausdruck geben, daß
Ihnen angenehme Festtage und ein
gutes neues Jahr bevorsteht. Mit
diesem Gruß verbinde ich zugleich
meine Gefühle des Dankes gegen Sie
und Ihren Verlag, der es mir ermög-
lichte, wieder in die deutsche Literatur
einzutreten. Ich hoffe, daß Sie es
nicht bedauern, durch Herrn Hürs[ch]

2.

an mich geraten möchte und durch die
eine interessante Kritik an der Buch-
führung Ihres Briefes" vom 20. II. 48 über
ein Buch enthalten haben.

Zu bedanken habe ich mich dann noch
für das Paket vom 9. XI. 48, das ich
bestimmt nicht meiner literarischen
Produktion, sondern allein Ihrer
nobelsinnigen Güte zu verdanken
habe.

Nehmen Sie meine Weihnachtswünsche
bitte persönlich entgegen und überreichen
gewesen Ihrem Auftrag ergebener

Gottfried Benn.

(expediert durch
Herrn Thürk)   Bitte wenden!

13 XII 48.

Ich öffne den Brief nochmal, um Ihnen mitzuteilen, dass ich heute – erst heute! – Ihren Brief vom 16. XI 48 erhielt. Tausend Dank. Anbei den Vertrag zurück, unterschrieben, dass Sie den Plan verwirklichen sollten. Ein Vertragsexemplar anbei zurück; das andere ist von Ihnen nicht unterschrieben, aber es genügt uns auch so vollkommen.

Ihr sehr ergebener

benn

Bezirksverteilerstellen der Volkssolidarität:

Bautzen, Seminarstr. 3
Berlin NO 55, Rykestr. 53
Brandenburg, Hauptstr. 88
Chemnitz, Brückenstr. 9
Cottbus, Karl-Liebknechtstr. 20
Dessau, Kantorstr. 9/10
Dresden, Fabrikstr. 13
Eberswalde, Breitestr. 52
Eisenach, Karlstr. 11
Erfurt, Thälmannstr. 5
Gera, Leipzigerstr. 27-29
Greifswald, Brinkstr. 13/14
Halberstadt,
  Wilhelmstr.-Seminar
Halle/Saale, Markt 3-7
Jena, Westbahnhofstr. 15
Leipzig, Markgrafenstr. 2, Zi 27
Luckenwalde, Treppinerstr.10,2.St.
Magdeburg, Liebknechtstr. 14
Mühlhausen, Philosophenweg 52
Naumburg/Saale, Theaterplatz 5
Neubrandenburg,
  Gartenstr. 13
Nordhausen, Waisenstr./Zollamt
Pirna a.d. Elbe, Untermarkt 8
Plauen, Neundorferstr. 8
Potsdam, Seestr. 30
Riesa-Elbe, E.Thälmannstr. 11
Rostock, Pädagogienstr. 7
Saalfeld, Oberestr. 10
Sangerhausen, Magdeburgerstr.10
Schwerin, Schlachterstr. 15
Stendal,
  Schadewachten 48 (Katharinenstift)
Suhl, Pfarrstr. (FDGB)
Torgau/Elbe, Schloss
Weimar, Gerhard-Hauptmannstr. 7
Zwickau, Marienplatz 6/8

Auslieferungsbedingungen:

1. Der Gutschein ist in einem Briefumschlag sofort dem Beschenkten zuzusenden. Für eventuellen Verlust des Briefes kann die Centrale Sanitaire Suisse nicht haftbar gemacht werden.

2. Die Ware kann nur vom Empfänger oder dessen Bevollmächtigten gegen Abgabe des Gutscheins und Vorlegung des Personalausweises nach Unterzeichnung in Empfang genommen werden.

3. Sollte der Gutschein verloren gehen oder aus irgend einem Grunde nicht eingelöst werden, ist die Centrale Sanitaire Suisse bereit, nach Ablauf von 90 Tagen einen Ersatzgutschein auszustellen. Eine eventuelle Rückzahlung des Betrages kann nur gegen Rückgabe des Gutscheines erfolgen.

EMPFANGSBESTÄTIGUNG

Der Unterzeichnete bestätigt hiermit, die umstehend aufgeführte Ware richtig erhalten zu haben.

Datum:

Unterschrift:

Dr. med. G. BENN
BERLIN-SCHÖNEBERG
Bozener Str. 20 pt.
Tel. 71 80 97

Wir bitten den Empfänger, nach Erhalt der Ware den Besteller sofort zu orientieren.

SOLI-WARENBON №180540

F 1 kg Fett
A 2½ kg Zucker   (zwei)

Gültig 90 Tage. - Abgabe der Ware nur gegen Vorweisung des Personalausweises bei einer Ausgabestelle der Volkssolidarität.

Spender: Verlags A.G.
Die Arche
Susenbergstr. 63
Zürich 44

Empfänger: Dr. med. Gottfried Benn
Bozenerstr. 20
Berlin-Schöneberg

Zürich, den
14.12.48. p.

CENTRALE SANITAIRE SUISSE / Schweiz. Hilfswerk
Abteilung Liebesgaben, Zürich

Walter Jost

Von Bezirksverteilungsstelle über Zentralausschuß an Centrale Sanitaire Suisse

GOTTFRIED BENN

STATISCHE GEDICHTE

DIE ARCHE · ZÜRICH

Paul Raabe
GOTTFRIED BENN UND DER ARCHE VERLAG
Zur Druckgeschichte der
»Statischen Gedichte«

Als im August 1948 im Arche Verlag in Zürich – jenseits der Grenzen des zerstörten Deutschland – Gottfried Benns *Statische Gedichte*, nobel gedruckt, in einem hübschen Pappband erschienen, war dies ein Ereignis, das die Szene der deutschen Nachkriegsliteratur schlagartig ändern sollte. Das Comeback eines vor und nach 1945 verbotenen Schriftstellers rückte die Lyrik in deutscher Sprache wieder in europäische Zusammenhänge.

Wenn nun nach 35 Jahren dieser Gedichtband in ursprünglicher Form in dem gleichen Verlag wieder herauskommt, so geschieht dies nicht allein in der Absicht, den klassischen Text wieder zugänglich zu machen – die Gedichte finden sich auch in der Gesamtausgabe abgedruckt –, sondern in dem Wunsch, das Werk als Zeitdokument erneut vorzustellen. Die Geschichte dieser Veröffentlichung gibt einen Einblick in die Lage eines Schriftstellers in den ersten Jahren nach dem Kriege, in eine Zeit, die längst zu Recht historische Beachtung findet.

Gottfried Benn hatte das Ende des Krieges 1945 in Berlin in seiner Wohnung in der Bozener Straße überstanden. Der Selbstmord seiner Frau und die Drangsale durch die russische Besatzung in den ersten Nachkriegsmonaten hatten ihm hart zugesetzt. Die Enttäuschung darüber, daß seine von

dem Berliner Verleger Karl Heinz Henssel bereits gesetzten *Statischen Gedichte* im Frühjahr 1946 nicht erscheinen durften, war verständlicherweise groß. Benn erlebte sich als doppelt verfemter Autor: Sein letzter Band *Ausgewählte Gedichte*, im Frühjahr 1936 in der Deutschen Verlagsanstalt erschienen, hatte im *Völkischen Beobachter* und im *Schwarzen Korps* üble Angriffe auf den Autor ausgelöst, was 1938 mit dem Ausschluß aus der Reichsschrifttumskammer Schreibverbot zur Folge hatte. Wenn Benn 1945/46 wiederum von linken Schriftstellern angegriffen wurde, so bezog man sich auf seine Schriften aus den Jahren 1933/34, in denen der unpolitische Autor in dem neuen Regime nach den wirtschaftlichen Katastrophen vorübergehend neue Hoffnungen gesehen hatte. Daß er sich sehr bald auf dem anderen Ufer befand, wo er leidenschaftlich die expressionistischen Gefährten seiner Jugend verteidigte, wurde verschwiegen. So war Gottfried Benn 1946 ein vergessener Schriftsteller in Deutschland, der seinen 60. Geburtstag völlig allein und unbeachtet, seine ärztliche Praxis ausübend, mit dem Dienstmädchen in der Küche verbrachte, *die mich ins Gespräch zog über ihr neues Kostüm, das am Rücken nicht säße*.
Seit 1936 waren viele neue Gedichte in Hannover, Berlin und Landsberg entstanden, die er seinem Freund Friedrich Wilhelm Oelze nach Bremen schickte, von denen 22 als Privatdruck 1943 in wenigen Exemplaren gedruckt worden waren. Der Verlag Claassen und Goverts in Hamburg bemühte sich wie der Henssel-Verlag vergebens um den

Druck der Bennschen Lyrik. So sind offenkundig von der Auswahl, die unter dem Titel *Statische Gedichte* 1946 heimlich gedruckt wurde, im Höchstfall fünf Exemplare an Freunde gelangt. Auch wenn sich Verleger weiterhin um den Autor bemühten, dessen Werke zu drucken die Besatzungsmächte nicht erlaubten, so gab Gottfried Benn die Hoffnung auf eine Rückkehr in das literarische Leben allmählich auf. Am 29. April 1947 schrieb er aus dem zerbombten Berlin an Oelze, der sich ebenfalls für den Verlag der Schriften Benns einsetzte: *Hören wir bitte nun damit auf, Verläge, Lizenzträger, Söhne des Himmels, große Borsten für G. B. zu interessieren. Verlassen wir das Abendland. Finden wir uns damit ab, für uns zu sein und zu bleiben: ›Schwarze Kutten‹.*
In dieser Zeit besuchte ihn häufiger ein junger Schweizer Journalist, 27 Jahre alt, Sohn des Chefredakteurs der Winterthurer Zeitung, Erhard Hürsch. Ihm ist es zu verdanken, daß sich Benn für das Angebot interessierte, das ihm Peter Schifferli, der Verleger des 1944 gegründeten Verlags *Die Arche* in Zürich, ausrichten ließ. Der Schweizer Verlag hatte 1946 die *Dichtungen* von Georg Trakl und im Frühjahr 1947 die *Gesammelten Gedichte* von Georg Heym herausgebracht, also die Werke von Benns expressionistischen Jugendgenossen. Das allein nahm ihn schon für den Arche Verlag ein: Er selbst regte eine Neuausgabe der Gedichte von Jakob van Hoddis an, die allerdings erst 1959 zustande kam.
In dem nicht erhaltenen Brief vom 3. Oktober 1947 schlug Peter Schifferli eine Ausgabe von 50 Gedich-

ten vor. Die maschinenschriftliche Antwort Gottfried Benns lautet*:

Dr. Gottfried Benn   *Berlin-Schöneberg,*
Bozenerstr. 20
23. XI. 47.

Sehr verehrter Herr Schifferli,
für Ihren Brief vom 3. X. 47, über Herrn Hürsch, den ich gestern erhielt, erlaube ich mir Ihnen sehr zu danken. Es ist mir eine ausserordentliche Freude und Ehre, dass Sie einen Gedichtband von mir verlegen wollen, und ich spreche Ihnen meinen Dank dafür aus.
Ich werde das Manuskript in wenigen Tagen zusammenstellen und Herrn Hürsch zur Weiterleitung übergeben. Ich folge Ihrem Vorschlag, etwa 50 Gedichte auszusuchen, als Titel denke ich an: »Statische Gedichte« –, statisch ist ein Begriff, der nicht nur meiner inneren ästhetischen und moralischen Lage, sondern auch der formalen Methode der Gedichte entspricht und in die Richtung des durch Konstruktion beherrschten, in sich ruhenden Materials, besser noch: in die Richtung des Anti-Dynamischen verweisen soll. Gelänge es mir, diesen Eindruck zu verwirklichen, würde es zeigen, dass aus meiner chaotischen expressionistischen Generation, deren einziger Überlebender ich wohl bin – (Trakl, Heym, Werfel, Hasenclever, van Hoddis, Else Lasker-Schüler sind tot, allein Joh. R. Becher lebt, aber er ist andere Wege gegangen) – doch eine innere Klärung hervorgehen konnte, die nicht abfallende Ermüdung der produktiven Kräfte bedeutet, sondern schöpferische Bändigung der

---

* Bei den abgedruckten Briefen wurden die Rechtschreibung und Zeichensetzung des Originals beibehalten.

schweren existentiellen Zerwürfnisse und Krisen, mit denen meine Generation aus konstitutioneller Anlage und durch die exorbitanten äusseren Verwicklungen von Anfang an zu kämpfen hatte. Statik also heisst Rückzug auf Mass und Form, es heisst natürlich auch ein gewisser Zweifel an Entwicklung und es heisst auch Resignation, es ist anti-faustisch, – aber ich berufe mich auf die oberste Instanz: »vergebens werden ungebundene Geister nach Vollendung reiner Höhe streben.« Mögen Sie meine Bestrebungen nicht von vornherein als vergebens empfinden.

Was das Äussere angeht, so folge ich gern Ihrem Vorschlag und übergebe Ihnen die Gesamtrechte für den Band. Vielleicht können wir das in einer Art Vertrag festlegen. Was das Honorar angeht, so bewegen sich meine Gedanken in der Richtung, die früher hier bei uns üblich war, nämlich 10-15% vom broschierten Exemplarpreis und 20 Belegexemplare. Als Form der Honorarüberweisung erschiene mir aus begreiflichen Gründen die Form der Liebesgabenpakete am nützlichsten. Jedoch habe ich in Bezug auf alle diese Äusserlichkeiten keine feste Einstellung und überlasse Ihnen die Entscheidung.

Ein sehr angenehmer Gedanke wäre mir, wenn es möglich wäre, mir zu gegebener Zeit Korrekturen senden zu wollen.

Mit nochmaligem Dank und mit meinen besten Empfehlungen   *Ihr sehr ergebener*
                                        Gottfried Benn.

[Hs.] *P.S: Falls Sie das eine oder andere Gedicht fortlassen möchten oder die Reihenfolge ändern, bin ich einverstanden.*   *Be.*

Das folgenschwere Postskriptum – wir kommen darauf zurück – ist handschriftlich hinzugefügt. Anfang Dezember 1947 schickte Benn das Manuskript mit 44 Gedichten. *Ich habe auch ältere Gedichte aufgenommen, da die Schweiz doch vermutlich nicht daran interessiert ist, nur neuere Gedichte kennenzulernen.* (An Oelze 4. 12. 1947)
Die Lektorin des Verlags, Fräulein Dr. Paula Rüf, bestätigte den Eingang der Sendung am 6. Januar 1948, schickte den Vertragsentwurf mit der Vereinbarung eines Honorars von 12% des Ladenpreises und der Abrechnung in Form von Liebesgabenpaketen, die in das hungernde Berlin transferiert werden sollten. Einen Tag später schickte der Verleger selbst seine Vorschläge nach Berlin:

Zürich, 7. Januar 1948
Sehr geehrter Herr Doktor,
mit grosser Freude und Anteilnahme habe ich Ihre »Statischen Gedichte« gelesen und ich betrachte es als hohe Ehre, diesen Gedichtband bald herausgeben zu dürfen. Mit der Auswahl und Anordnung bin ich einverstanden, möchte lediglich die Gedichte »Chopin«, »Monolog 1941«, »Clemenceau«, »St. Petersburg« und »1886« herausnehmen, da sie in ihrer Form doch den Rahmen sprengen. Dafür hätte ich gerne aus dem frühern Band ausgewählter Gedichte »Ach das Erhabene«, »Tag, der den Sommer endet« und »Astern« mitaufgenommen, da ich diese besonders liebe und sie mir sehr wohl in den Zusammenhang sich einzufügen scheinen.
In der Beilage sende ich Ihnen die Verträge, indes das

Manuskript rechtzeitig in den Satz geht, um Ihnen rechtzeitig Korrekturen zustellen zu können.
Indem ich überzeugt bin, dass dieser ersten Vertragsunterzeichnung 1948 ein gutes Omen für das kommende Verlagsjahr bedeutet, verbleibe ich
mit vorzüglicher Hochachtung und dankbaren Grüssen
Beilage: Verträge.   [Peter Schifferli]
N.B. Legen Sie bitte Ihrem signierten Vertragsdoppel eine Liste derjenigen Lebensmittel bei, an denen Ihnen besonders liegt, damit wir sie der hiesigen Verrechnungsstelle unterbreiten können.

Die Forderungen des Verlegers waren ungewöhnlich, wenngleich er sich offenkundig durch das Angebot des Autors dazu autorisiert sah. Gottfried Benn hatte in seinem Leben stets die Auswahl seiner Gedichte mit größter Pedanterie getroffen. In seinem Nachlaß befinden sich mehrere Entwürfe von Inhaltsverzeichnissen, die darauf hindeuten. Nun sah er sich einem eher ängstlich wirkenden Verleger gegenüber, aber noch ging der Autor geduldig auf dessen Wünsche ein:

Dr. Gottfried Benn.   Berlin-Schöneberg
Bozenerstr. 20.
den 14. I. 48.
Sehr verehrter Herr Schifferli,
für Ihren Brief vom 7. I. 48 bedanke ich mich sehr u. ebenso für die Zusendung des Vertrages. Es ist für mich

sehr ehrenvoll und eine grosse Genugtuung, dass Sie mich unter Ihre Autoren aufnehmen wollen. Ich danke Ihnen aufrichtig. In der Anlage sende ich das zweite Vertragsexemplar an Sie zurück.
Ich erlaube mir, ohne Ihnen anspruchsvoll erscheinen zu wollen, für eines der von Ihnen nicht gewünschten Gedichte nochmals einzutreten mit der Bitte, ob Sie vielleicht es noch einmal prüfen würden. Es ist: »Chopin« –, ein Gedicht, das mir besonders am Herzen liegt. Wenn ich über die Gründe Ihrer Ablehnung nachdenke, komme ich zu keinem Resultat. Es ist doch rein lyrisch, gänzlich unpolitisch, unaktuell und formal zweifellos gelungen. Würden Sie die Güte haben, mir gelegentlich zu sagen, was Sie zu Ihrem Urteil veranlasst hat und würden Sie wohl, ohne mir böse zu sein, hiermit meine ausdrückliche Bitte entgegennehmen, es vielleicht doch zuzulassen? Mit allen übrigen Änderungen bin ich einverstanden.
Eine Liste über Lebensmittel werde ich mir erlauben demnächst gelegentlich zu übersenden.
Mit nochmaligem Dank und ergebensten Grüssen
und Wünschen für das beginnende Jahr
Ihr
Dr. Gottfried Benn.

Die Lektorin antwortete am 13. Februar 1948 zustimmend:
Wir freuen uns sehr auf die Herausgabe Ihrer schönen Gedichte; sie werden in einer besonders sorgfältig ausgestatteten Ausgabe erscheinen. Herr Schifferli ist gerne damit einverstanden, Ihr Chopin-Gedicht, an dem Ihnen

besonders liegt, in die Sammlung aufzunehmen. Mir persönlich gefällt es auch sehr – wie übrigens auch die anderen Bericht-Gedichte. Auf die Ankündigung Benns, die Manuskripte seiner Prosaschriften dem Verleger über den Kurier Eberhard Hürsch zuzuleiten, antwortete Schifferli dankbar:

15.03.48.
Sehr geehrter Herr Doktor,
vielen Dank für Ihren Brief vom 1.3.48., den ich selber beantworten möchte, da er mir Gelegenheit gibt, Ihnen einige Gedanken zu schreiben, die ich Ihnen längst mitteilen wollte. Wenn Sie schreiben, dass es uns vielleicht interessieren würde, Ihre innere Entwicklung kennenzulernen und Sie uns deshalb auch Ihre Prosaschriften schicken möchten, so erfüllen Sie damit einen Wunsch, den wir Ihnen schon lange schreiben wollten. Seitdem ich in Bermann-Fischers »Neuen Rundschau« (Heft 6, 1947) den Aufsatz von Eugen Gürster-Steinhausen über »Gottfried Benn, ein Abenteuer der geistigen Verzweiflung« gelesen haben (Welchen Aufsatz Sie sicher kennen, ansonst ich Ihnen ein Expl. schicken würde), habe ich in Antiquariaten und Bibliotheken alle Ihre Schriften zu finden versucht. Und ich muss gestehen, dass diese Begegnungen für mich mit jenen der Schriften Jüngers und Heideggers zu den wesentlichen gehören, die ich je bewusst wahrgenommen habe. Die Faszination, welche Ihre Gedichte auf mich ausübten, hat sich dabei zu der Gewissheit verdichtet, dass Ihr Werk als ganzes für das Verstehen des neueren und neuesten Lebensgefühls von eminenter Bedeutung ist. Ich stehe zunächst noch immer

allzusehr unter dem Eindruck dieses Erlebnisses, als dass ich es in Worte fassen könnte. Vielleicht darf ich Ihnen gelegentlich ausführlich darüber und vor allem über die Gespräche mit meinen Freunden schreiben, welche in der letzten Zeit ganz im Zeichen Ihres Werkes standen. – Auch möchte ich die Gelegenheit benutzen, um Ihnen zu versichern, dass bei meinen Aenderungsvorschlägen zu der Gedichtauswahl keinerlei politische Bedenken massgebend waren; ich mache kein Hehl daraus, dass ich Ihrer politischen Haltung weitgehendes Verständnis entgegenbringe und sogar eine gewisse Freude daran habe, jene Kreise der Emigration durch die Gedichtausgabe herauszufordern, welche mir bereits seit den Jünger-Ausgaben eine erfreuliche Aufmerksamkeit geschenkt und eine nicht minder erfreuliche Zahl von öffentlichen Angriffen beschert haben. Ich zweifle nicht daran, dass eine grosse Benn-Diskussion heraufbeschworen wird, zweifle aber ebensowenig, dass sie zu Ihren Gunsten ausgehen wird (wie jene um Jünger auch zu seinen Gunsten ausgegangen ist.) Bei diesem grossen geistigen Ereignis als Verleger mithelfen zu dürfen, bedeutet mir eine grosse Ehre, für die ich Ihnen nicht genug danken kann. Und wenn es der Verlauf der Diskussion ratsam erscheinen lässt, auch die eine oder andere Ihrer Prosaschriften der Oeffentlichkeit zugänglich zu machen, so werde ich es gerne tun, sofern es die Möglichkeiten meines Verlages erlauben. In diesem Sinne wäre ich Ihnen dankbar, wenn Sie mir vor Abschluss neuer Verträge eine gewisse Chance geben würden. Auch hoffe ich, dass der Tag nicht allzufern ist, an dem ich Ihnen eine Neuausgabe Ihrer »Ausgewählten Gedichte« vorschlagen kann, welche 1936 in der DEVA erschienen war.

Inzwischen sind Ihre Gedichte im Satz und die Korrekturfahnen werden Sie bald erreichen. Und inzwischen warten wir mit grosser Spannung auf Ihre angekündigten Prosaschriften, von denen wir nicht zweifeln, dass sie ein grosses Abenteuer für uns bedeuten werden.
Mit vorzüglicher Hochachtung
und dankbaren Grüssen
[Peter Schifferli]

Der nächste maschinenschriftliche Brief Benns enthielt im Postskriptum die Antwort auf Schifferlis Bekenntnis:

Dr. G. BENN
Arzt   Berlin-Schöneberg, den 20. III. 48.
Sehr verehrter Herr Schifferli,
unter Bezugnahme auf meinen Brief an Fräulein Dr. Rüf vom 29.2.48 erlaube ich mir, in der Anlage mit Hilfe von Herrn Hürsch einige Manuscripte an Sie gelangen zu lassen. Wie ich schon schrieb: ohne jeden Hintergedanken allein, um Ihnen einen heutigen prosaistischen Steckbrief über mich an die Hand zu geben. Es wäre mir ein Vergnügen, wenn Sie gelegentlich Zeit fänden, einen Blick hineinzutun oder gar, wenn Sie an dem einen oder anderen Satz Vergnügen fänden.
Vielleicht beginnen Sie mit dem Essay: »Kunst und III. Reich«, es liest sich gefällig, der 3. Teil allerdings ist rein deutsche Angelegenheit. Dann kommt eine Novelle: »Weinhaus Wolf«–, recht harmlos. Dann: »Roman des Phänotyp«–, formal extravagant und fragmentarisch. Schliesslich die letzte Arbeit: »Der Ptolemäer«–, ge-

danklich reichlich massiv. Alle haben das Gute, dass sie nicht umfangreich sind –, das gehört zu meinem Programm: jede Kunstäusserung, die über eine Stunde hinausgeht, ist in meinen Augen eine Zudringlichkeit.
Indem ich Ihnen ein angenehmes Osterfest wünsche
bin ich mit besten Grüssen
Ihr sehr ergebener
Dr. Gottfried Benn.
P.S. Darf ich aus Anlass eines Briefes von Dr. Claassen vom Verlag Goverts u. Claassen in Hamburg, der mir eine Art von Erstaunen ausdrückt, dass im Arche-Verlag ein Gedichtband von mir erscheint, Ihnen gegenüber klarstellen, dass mich nicht die geringsten Bindungen an den Hamburger Verlag verpflichten, sondern dass ich natürlich völlig über meine Sachen verfügen kann. Der Verlag G.u.C. hat nur seit längerer Zeit mir zahlreiche sehr liebenswürdige Briefe geschrieben, die mich sehr erfreuten, da sie von tatsächlichem Interesse für mich zeugten, aber zu einem Abschluss oder auch nur konkreten Versprechungen ist es nie gekommen. Ich bin in allen Geschäftssachen äusserst korrekt und buchstabengetreu und niemals unfair.
Sehr verehrter Herr Schifferli, eben, am 20. III. kommt Ihr unvergleichlicher Brief vom 15. d. Ms. Aufrichtigen Dank. Welche grosse Auszeichnung! Nun, hier kommen die Unterlagen für Diskussion und Fascination und Proscription. Übrigens ist meine »Belastung«, wie bei uns der Ausdruck heisst, keineswegs absolut, ich bin vollkommen sicher, dass ich ohne Weiteres freigegeben würde, aber ich tue keinen Schritt in dieser Richtung, ich lasse keine politischen Instanzen über Kunstdinge entscheiden, das werde ich durchführen usque ad finem. Alles

Übrige hierzu enthalten meine Arbeiten, über die ich als Motto den Satz aus »Phänotyp« schreiben könnte: »es hat sich allmählich herumgesprochen, dass der Gegensatz von Kunst nicht Natur ist, sondern: gut gemeint«. Ich wohne im amerikanischen Sektor, nicht im russischen, wie auf Ihrem Briefumschlag steht.

Mit besten Empfehlungen
Ihr alter ergebener
Benn.

So wurde im Frühjahr 1948 die Korrespondenz fortgesetzt. Benn meldete das Interesse von Pamela Wedekind an einer Lesung an. Die Liebesgabenpakete wurden freudig in Empfang genommen. Mit großer Sorge wartete Benn auf die Bestätigung der Ankunft seiner Manuskriptsendung, auch die Lizenzfragen wurden besprochen. Am 29. April schrieb Benn seinem Verleger einen sehr persönlichen Brief, wiederum maschinenschriftlich getippt:

Dr. G. BENN *Berlin-Schöneberg, den 29. 4. 1948*
Arzt
Sehr verehrter Herr Schifferli!
Ihr freundlicher Brief vom 17. d. Mts., der am 24. bei mir eintraf, verwirrte mich so durch die Mitteilung, dass Herr Hürsch und die Manuskripte bei Ihnen nicht angelangt sind, dass ich in meiner Antwort am 24. nur hierauf einging. Ich erlaube mir, heute auf einiges allgemeines zu sprechen zu kommen.

Zunächst möchte ich Ihnen nochmals meine grosse Freude aussprechen, dass es Ihnen gelungen ist, die Lizenz für Deutschland zu erhalten. Ein bewundernswerter Erfolg von Ihnen, für den ich Ihnen ausserordentlich danke. Ich kenne den Nymphenburger-Verlag nicht, aber ich höre, er soll sehr bekannt sein, — ist dieser Verlag eine Beziehung von Ihnen oder hat die Militärregierung ihn als Ihren Partner bestimmt? Nun, das ist nicht wichtig, jedenfalls scheint sich ja damit die Möglichkeit zu eröffnen, dass ich auch mit weiteren Veröffentlichungen in Deutschland wieder zur Sprache kommen kann.
Mein persönlicher Wunsch in den letzten Jahren war eigentlich der gewesen, gleichzeitig mit drei verschiedenen Bänden wieder aufzutreten, nämlich einem Gedichtband, einem Essay-Band und einem Prosa-Band, jeder zu ungefähr 200 Seiten, um die drei Richtungen meiner Produktion vorführen zu können. Aber diesen Wunsch habe ich ja aufgeben müssen und ich muß Schritt für Schritt vorgehen und der erste Schritt sind Sie und die »Statischen Gedichte« und dafür danke ich Ihnen sehr.
Über das Folgende zu schreiben wäre einfacher, wenn ich wüßte, ob die Manuskripte doch noch bei Ihnen eingetroffen sind und Sie einen Blick hineingeworfen haben. Ich möchte mich nämlich einmal darüber aussprechen, dass mir selbst an diesen neuen Prosaarbeiten mehr liegt, wie an der Lyrik. Ich habe das Gefühl, dass ich in den Prosasachen mehr von meiner inneren Lage und auch der Lage der Zeit realisiere, als in den Gedichten. Sie stellen ja alle, sei es in essayistischer oder novellistischer Form, immer wieder die eine Frage heraus, die die Grundfrage der ganzen Epoche ist, nämlich: gibt es für das Abendland noch eine geistige Welt, eine metaphysische Realität

ausserhalb und unabhängig von der geschichtlich-politischen Welt, die ihr Primat behauptet und mit Brutalität verteidigt. Sie wissen, dass ich dies bejahe. Dass das Abendland ermüdet ist, dass es fault, dass es platt gewalzt ist, das ist ja seit zwei, drei Generationen tausendmal ausgesprochen und jedem bekannt. –, ich finde es interessanter und auch abendländischer zu untersuchen, was noch an innerer Substanz, an alter Gene, an schöpferischen Möglichkeiten in der Rasse geblieben ist. Und es ist nach meiner Meinung noch etwas geblieben und etwas vorhanden, das allerdings anders aussieht als die Mehrzahl glaubt, das vielleicht in der Richtung der Resignation liegt, aber einer Resignation aus Haltung, einer Resignation aus Rasse, die aber jeder Einzelne in einer langsamen inneren Arbeit für sich selbst erkämpfen muss.

Nun, vielleicht darf ich hoffen, dass Sie doch einmal gelegentlich einen Blick in diese Manuskripte werfen, sei es in die verlorenen des Herrn Hürsch, sei es in eine neuhergestellte Ausführung, die ich von hier nochmals an Sie senden würde.

Und da dieser Brief von Literatur handelt, erlaube ich mir auch die Frage an Sie zu richten, welche meiner früheren Bücher Ihnen in der Schweiz erreichbar waren. Es handelt sich nämlich um folgendes: Der Mailänder-Verlag Bompiani hat sich mehrfach an meinen früheren Verlag, die Deutsche Verlagsanstalt Stuttgart gewendet, um einen Essay-Band von mir auf italienisch erscheinen zu lassen. Die Auswahl und Zusammenstellung sollte mir überlassen bleiben. Ich war zunächst nicht darauf eingegangen, da mich ein italienisches Projekt nicht interessierte. Aber Einige aus meinem Kreis versuchen dieses Projekt jetzt doch zu verwirklichen. Einer der

besten Kenner meiner sämtlichen Bücher, Herr Frank Maraun, wollte die Zusammenstellung übernehmen, eine Einleitung dazu schreiben und mit dem Mailänder-Verlag in meinem Auftrag verhandeln. Ich teile Ihnen dies mit, für den Fall, dass Sie irgend ein Interesse dafür haben, ich stelle Ihnen gern anheim, diesem Verlag gegenüber als mein Verleger zu verhandeln. Die Angelegenheit steht in den ersten Anfängen und ich betreibe sie wie gesagt sehr zögernd. Um Sie über die Person des Herrn Maraun zu unterrichten, lege ich einen Aufsatz von ihm bei, den er vor einem halben Jahr in einer Tübinger-Zeitung veröffentlichte. Ferner lege ich einen kurzen Aufsatz aus einer Hamburger-Zeitung aus dem Jahre 1945 bei und eine Notiz einer Hamburger Presseinformation auch jüngsten Datums — aus all dem bitte ich Sie zu ersehen, dass das Interesse an meinen Arbeiten immerhin, auch nach zwölf Jahren Schweigen von mir, noch erstaunlich vorhanden ist.
Schliesslich möchte ich, um mich näher mit Ihnen bekannt zu machen, Ihnen noch einige ältere Essay's beilegen, die s.Zt. viel Aufsehen erregten und in meinen früheren Büchern enthalten waren. Darunter den Goethe-Aufsatz, der ursprünglich in dem berühmten Heft der Fischer'schen »Neuen-Rundschau« stand aus Anlaß von Goethe's hundertstem Todestag. Ich lege Ihnen den interessanten Umschlag dieses Heftes bei, damit Sie sehen, in welcher illustren Gesellschaft, fast von lauter Nobel-Preisträgern, ihr in die Dunkelheit entrückter Autor der »Statischen Gedichte« sich damals befand. Ich wäre Ihnen sehr dankbar, wenn Sie mir diesen Umschlag der Neuen-Rundschau gelegentlich wieder zusenden würden, ebenso wie die anderen Zeitungsausschnitte. A propos,

dieser Goethe-Aufsatz ist vielleicht aktuell, da nächstes Jahr wieder ein Goethe-Jahr ist und sich bereits Epigonen gefunden haben, die über mein Thema große Veröffentlichungen machen, dabei meinen Aufsatz abschreiben, seine Gedankengänge verwenden und meinen Namen natürlich verschweigen.
Und nun muß ich wegen dieses langen Briefes mit lauter autistischen Motiven um Entschuldigung bitten. Ich hoffe, dass Sie sich wohlbefinden und ich bin mit der Bitte um Empfehlung an Frl. Dr. Ruf
Ihr sehr ergebener
Gottfried Benn.

Bald danach gelangten die Korrekturen der *Statischen Gedichte* an den Autor: *Von den mir durch Herrn Hürsch übermittelten zwei Korrekturexemplaren der »Statischen Gedichte« sende ich anbei eines durchgesehn zurück. Ich habe die drei Gedichte beigefügt, deren Aufnahme in den Band Sie in Ihrem Brief vom 7. I. 48 wünschten und ich habe die Stelle innerhalb des Bandes kenntlich gemacht, an die ich sie zu setzen vorschlagen würde* (17. 5. 1948). Der Verleger machte sich Gedanken, wie er den *Ptolemäer* und den *Roman des Phänotyps* bald setzen lassen könnte, *da diese Werke ausserordentlich wichtig sind und ich sie möglichst in verschiedene Sprachen übersetzen lassen möchte. Aber für diese Uebersetzungsverhandlungen brauche ich gedruckte Leseexemplare. Vielleicht kann ich die Drucklegung mit einem österreichischen Verlag zusammen machen, der im kommenden Frühjahr auch Ihre »Statischen Gedichte« in Lizenz herausbringen will.* Schifferli

fährt in diesem Brief vom 9. Juni 1948 fort, daß er gern Gottfried Benns Essay *Goethe und die Naturwissenschaften* als Einzelpublikation *in schöner Ausstattung auf das Goethejahr herausbringen möchte.* Auch meldete er: *Der Gedichtband wird jetzt umbrochen. Dass Sie mir auch die drei schönen Gedichte noch gegeben haben, hat mich besonders gefreut.*
Gottfried Benn antwortete am 5. Juli 1948:

Dr. med. G. BENN 5. VII. 48.
*Lieber, sehr verehrter Herr Schifferli,
haben Sie vielen Dank für Ihren handschriftlichen Brief vom 23. V. und den vom 9. VI. Ein so langer handschriftlicher Brief – wie viel Mühe hat Ihnen das sicher gemacht! Ich antworte heute nur kurz, da Herr Hürsch – unbegreiflicherweise zurückgekehrt in das Berliner Inferno – so freundlich sein will, die Umbruch-Korrektur der »Statischen Gedichte« an Sie zurückgelangen zu lassen. Einige wenige Notizen habe ich angeheftet.
An Sie erlaube ich mir die Frage zu richten, ob Sie absichtlich das Stück: »gewisse Lebensabende«, das in der Fahnenkorrektur noch mitgesetzt war (Nr 30), abgesetzt haben oder ob es ein Versehen ist. Ich vermute, dass das Erstere der Fall ist und ich vermute als Grund, dass Ihnen der vielleicht etwas kalte, der Leser wird sagen: cynische Charakter der Gedanken nicht zusagt. Ich meinerseits würde zufrieden sein, wenn es doch mitscheinen könnte, mein Argument dafür ist, dass der Band reichlich viele weiche und zarte Töne enthält und der etwas härtere Klang zu einer modernen Lyrik dazugehört. Das innere Idyll ist ja vorbei, und das Buch eines*

Deutschen, das nicht die Kälte und die Vernichtung in Erwägung zieht, der wir täglich ins Auge sehn, wäre vielleicht nicht ganz echt und identisch mit der Stunde. Wenn Sie aber grosse innere Widerstände gegen dieses Stück empfinden, werde ich nicht darauf bestehn. Sollten Raumgründe eine Rolle spielen, würde ich lieber auf St. Petersburg verzichten als auf »gewisse Lebensabende«. Nehmen Sie heute nur viele Grüsse und vielen Dank für Ihr Interesse an meinen Sachen. Ich hoffe, dass es Ihnen persönlich gut geht und ich bleibe

Ihr sehr ergebener
Benn.

[Hs.] Satz und Schrift gefällt mir sehr gut. Vielen Dank. Eben, in die allgemeine Hungersnot, kommt Ihr cpl. Paket vom 12. VI. Tausend tausend Dank.
P.S.: würden, sehr verehrter Herr Schifferli, vielleicht noch das beigefügte Gedicht »Sommers« noch als Nr. 42, also auf S. 72 einfügen können, wenn es nicht zu viel Mühe und Kosten macht?
Dank und Gruss.

Ihr Benn

Unverblümter äußerte sich Benn gegenüber seinem Freund Oelze: *Auch mit Schifferli habe ich Ärger,* schrieb er am 22. Juli. *Das Gedicht »Gewisse Lebensabende« will er in dem Band nicht bringen wegen »technischer Schwierigkeiten«, (wie die Russen!) – ich kann von hier aus wenig dagegen machen. Wenn ich noch wäre wie früher, würde ich telegraphisch das ganze Buch stoppen, aber so werde ich es treiben lassen müssen, interessiere mich aber für die Sache nicht mehr und werde den Band niemandem aushändigen. Auch für das Weitere werde ich Herrn Schifferli nicht mehr in Betracht ziehen.*

In dem nächsten Brief vom 13. August 1948 schrieb der Verleger:

Ihre Gedichte sind nun ausgedruckt und liegen beim Buchbinder. Ihre Korrekturen konnten noch alle berücksichtigt werden mit Ausnahme der Auswechslung von »Gewisse Lebensabende« und »St. Petersburg«. Wie Sie vermuteten, hatte ich das Gedicht »Gewisse Lebensabende« mit Absicht weggelassen, weil es nicht ganz dem Ton der übrigen Gedichte zu entsprechen schien. Ich möchte es lieber in den Band ausgewählter Gedichte mitaufnehmen. Es liegt mir sehr viel daran, dass Sie Herrn Hürsch genaue Anweisungen geben, ob und wie weit ich über Ihre Prosaschriften verfügen darf. Ich habe sie Ihrer Weisung gemäss bisher als Geheimsache behandelt und lediglich einem befreundeten, uns nahe stehenden Verleger in Oesterreich und einem andern in Deutschland ihre Existenz bestätigt, ohne jedoch irgend etwas vom Inhalt preiszugeben. Ich glaube, dass die Möglichkeit besteht, die Schriften der Reihe nach einzeln herauszubringen und zwar in Zusammenarbeit mit einem österreichischen, der von uns eine Lizenz erhielte und dort für beide Verlage, weil es billiger ist, die Drucklegung vornimmt. Ausserordentlich dankbar wäre ich Ihnen auch dafür, wenn Sie mir die Rechte an Ihrem schönen Essay »Goethe und die Naturwissenschaften« übertragen würden, wobei es genügen würde, wenn Sie mir schriftlich bestätigten, dass dabei dieselbe Vertragsbasis wie für die »Statischen Gedichte« massgebend sein soll.

Ich kann Ihnen versichern, dass ich in diesen Wochen der Berliner Krise in Gedanken oft bei Ihnen bin und Herrn Hürsch darum beneide, dass er einen ständigen persönlichen Verkehr mit Ihnen haben darf. Hoffentlich klären sich die politischen Verhältnisse bald so weit, dass wir uns endlich einmal irgendwo in Deutschland begegnen dürfen.

Benn protestierte gegen die Eigenmächtigkeit des Verlegers: Er forderte in seinem Brief vom 21. August 1948 die übersandten Manuskripte zurück. Der Text lautet:

Dr. G. BENN   *Bozener Straße 20 pt.*
Facharzt für Hautkrankheiten   *Tel.: 71 20 97*
                       Berlin-Schöneberg, den 21. VIII. 48
Sehr verehrter Herr Schifferli,
vielen Dank für Ihren Brief vom 13. d. M. und die beiden Gutscheinsendungen –, der eine für Luxus (Cafe und Thee) und der andere für Ernährung (Nudeln u. Reis) – beides wunderbare Zutaten zu unserer Berliner Kriegslage. Aber, um es gleich zu sagen, noch halten wir es aus und brauchen nicht zu kapitulieren. Zu unseren Geschäftsbeziehungen glaube ich aber bemerken zu müssen, dass meiner Meinung nach die Pakete die Lyrik nunmehr kompensiert haben und Sie damit stoppen müssen.

Was den Inhalt Ihres Briefes angeht, erlaube ich mir Folgendes zu erwidern. Die Fortlassung von dem Gedicht »Gewisse Lebensabende« kann ich nicht gutheissen. Der Autor kann in solchem Fall nicht übergangen werden, und ich muss der Wahrheit die Ehre geben: ich hätte den Band ohne diese Verse nicht erscheinen lassen.

Nachdem es aber zu spät ist, ist eine weitere Diskussion darüber ohne Nutzen. Den Essay über Goethe und die Naturwissenschaften übergebe ich Ihnen gerne zum Verlag unter den gleichen Voraussetzungen wie die »Statischen Gedichte«, jedoch mit der Einschränkung, dass ich mir die Verlagsrechte für Deutschland vorbehalte. Ich stehe hier mit zwei Verlägen neuerlich in Verhandlung u. möchte für den Fall, dass eine Vereinbarung über einen Essayband zu Stande kommt, darüber verfügen können. Was die übrigen Manuskripte betrifft, so bitte ich Sie, sie mir zurückzuschicken, nachdem sie ihren Zweck erfüllt haben, Sie mit meiner Person bekannt zu machen. Ich danke Ihnen sehr für das Interesse, das Sie ihnen abgewonnen haben und über das Sie mir so liebenswürdig zu schreiben im Frühjahr sich die Mühe nahmen. Ich wäre Ihnen dankbar, wenn Sie der Sendung auch die Zeitungsausschnitte beilegten, die ich Ihnen sandte, besonders die Titelseite der Neuen Rundschau, auf der der Goetheaufsatz im Inhalt stand. Sollten Sie aber die Zeitungssachen verlegt oder verloren haben, ist es kein Unglück und es braucht Sie nicht zu besorgen. Ich teile Ihren Wunsch, dass wir uns persönlich kennen lernen, ich fürchte aber ihn zunächst auf die bescheidene Hoffnung begrenzen zu müssen, dass die postalischen Verbindungen etwas unbeschränktere werden und die Briefe schneller gehn und man nicht jeden von Neuem dem Zufall überlassen muss.
Mit nochmaligem Dank für Ihre Sendungen und vielen Grüssen

                                      Ihr sehr ergebener
                                      Gottfried Benn.

Man kann sich die Bestürzung des Briefempfängers vorstellen, der sich von der ersten Veröffentlichung seines neuen Autors den Beginn einer fruchtbaren Zusammenarbeit versprochen hatte und nun seine Hoffnungen dahinschwinden sah. Schifferlis Antwort nötigt uns Respekt ab, sie zeigt eine eindrucksvolle Haltung, der Verlag leistete den *Anordnungen des Autors auf bestem und schnellstem Wege* Folge. Zum ersten Mal aber beginnt er seinen Brief mit einer vertraulicheren Anrede:

Zürich, den 24. September 1948
Sehr geehrter, lieber Herr Doktor,
Einmal muss es ja sein, dass ich Ihren letzten schmerzlichen Brief beantworten muss, wenn ich es auch lange hinausgezögert habe, weil ich mich erst daran gewöhnen musste, dass Sie mir böse sind. Im ersten Augenblick war ich etwas erzürnt, und wollte Ihnen eine ausführliche Verteidigungsepistel schreiben, wobei ich genau aus Ihren Briefen zitiert und besonders jene Stellen gewählt hätte, worin Sie meine Auswahl Ihrer Gedichte genehmigt und sich immer wieder mit grosser Freude über den Band geäussert hatten. Ich wollte Ihnen auch einen Bericht der Druckerei beilegen, wonach Ihre letzte Aenderung nur mit grosser Schwierigkeit hätte realisiert werden können, nachdem die kleineren Korrekturen noch in der Maschine angebracht werden mussten und alle Ihre früheren Wünsche berücksichtigt worden waren......
Aber dann legte sich meine Verstimmung und jene schmerzliche Enttäuschung überkam mich, welche noch immer andauert und die es mir zwecklos erscheinen lässt,

irgendwelche Verteidigungen oder Entschuldigungen vorzubringen. Ich glaube viel mehr, meine grosse Verehrung für Sie, welche ich Ihnen immer entgegenbringen werde, am besten dadurch unter Beweis zu stellen, dass ich Ihre Anordnungen auf bestem und schnellstem Wege durchführe. Ich benutze deshalb die Gelegenheit eines erneuten Besuches von Herrn Hürsch, um Ihnen die Manuskripte und die mir von Ihnen seiner Zeit zugestellten Presse-Stimmen zuverlässig verpackt zu übermitteln.
Lediglich zwei Fragen möchte ich Ihnen noch vorlegen:
1. Ob Sie bei der Wahl des deutschen Verlegers, bei dem eine Lizenzausgabe der »Statischen Gedichte« erscheinen soll, irgendwelche spezielle Wünsche haben. Ich habe mich ja seiner Zeit vertraglich verpflichtet, eine Lizenzausgabe in Deutschland herauszubringen, solange unsere schweizerische Originalausgabe nicht frei nach Deutschland exportiert werden kann.
2. Ob es Ihnen tatsächlich nicht möglich ist, den Goethe-Essay mit allen Rechten an meinen Verlag zu übertragen. Denn in absehbarer Zeit wird die Arche in Deutschland eine Zweigfirma eröffnen und dann wahrscheinlich sogar das Hauptgewicht auf den deutschen Markt legen, sodass wir, wie das schon bei den »Statischen Gedichten« der Fall war, lediglich an der Erwerbung der Gesamtrechte interessiert sind. Selbstverständlich wäre ich bereit, bis zur Möglichkeit eines freien Exportes, eine Lizenzausgabe an einen deutschen Verleger abzutreten. Ich wollte nämlich Ihren Essay als einzigen Beitrag der Arche zum Goethe-Jahr herausbringen, was ein Bekenntnis zu Goethe und zu Ihnen gleichermassen werden sollte.

Ich erlaube mir, Ihnen diesen Brief im Doppel auf dem direkten Postweg zustellen zu lassen und bitte Sie, mir gelegentlich den Eingang der Manuskripte, sowie der ersten zehn Autoren-Exemplare durch Herrn Hürsch zu bestätigen. Die Vermittlung durch Herrn Hürsch ist zur Zeit der einzige Weg, um die Manuskripte an Sie zu senden, da der Schweizer-Kurierdienst überlastet ist und sich geweigert hat, die Sendung zu übernehmen.

Ich schliesse diesen Brief mit der Versicherung, dass ich Ihnen und Ihrem Werk in grosser Verehrung verbunden bleibe und zuversichtlich dem Tag entgegensehe, wo alle Missverständnisse durch eine persönliche Begegnung behoben werden können.

In diesem Sinne verbleibe ich mit dankbaren Grüssen

Ihr
[Peter Schifferli]

Beilage:
Liste der zurückgegebenen Manuskripte und Zeitungsausschnitte, deren Empfang Herr Hürsch schriftlich bestätigt hat. Desgleichen hat er die Bestätigung für den Empfang der ersten 10 Autoren-Exemplare zu Handen des Autors gegeben.

Anfang Oktober waren die Statischen Gedichte endlich im Handel: ein auf gutem Papier in einer klassischen Antiqua gedruckter Pappband in der für die Schweiz selbstverständlichen Qualität. Eberhard Hürsch überbrachte die Autorenexemplare persönlich, und Peter Schifferli schickte am 4. Oktober einen zweiten Brief nach Berlin:

Zürich, den 4. Oktober 1948
Sehr geehrter, lieber Herr Doktor,
Zuerst möchte ich mich dafür entschuldigen, dass das Papier, das für Ihren Gedichtband verwendet wurde zwar makellos weiss und holzfrei, aber dafür etwas dünn ist. Wir haben dies erst nach Fertigstellung des Bandes feststellen können, da die Bemusterung mit dickerem Papier erfolgt war. Aus der mit dem Drucker darüber geführten Korrespondenz geht hervor, dass es sich um ausländisches Papier handelt, das zwar in der vereinbarten Gewichtslage bestellt, aber dann mit einem Untergewicht geliefert wurde.
Herr Hürsch wird inzwischen mit den Manuskripten und den Autoren-Exemplaren, sowie mit der kleinen, aber begeisterten Kritik von Max Rychner, von der ich Ihnen noch einmal ein Exemplar beilege, zu Ihnen unterwegs sein.
Heute traf nun ein Gedicht von Alexander von Lernet-Holenia ein, dem ich den Band umgehend gezeigt hatte. Ich lege Ihnen auch dessen Brief an mich bei, den ich gelegentlich zurückerbitte.
In der Hoffnung, dass Herr Hürsch bald bei Ihnen eintrifft, verbleibe ich mit vorzüglicher Hochachtung und dankbarer Verehrung
Ihr
[Peter Schifferli]
Beilage: Brief u. Gedicht.

In der Tat begann mit Max Rychners *kleiner, aber begeisterter Kritik* das eindrucksvolle Echo, das die *Statischen Gedichte* und dann die späteren Werke

Gottfried Benns überhaupt fanden. Beachtlich war auch der Widerhall, den der Band sofort in Österreich fand. Das im Brief erwähnte Gedicht des Wiener Schriftstellers Alexander Lernet-Holenia bezog sich auf die entscheidende Strophe in dem Mittelstück des dreiteiligen Zyklus *Quartär*, in dem Gottfried Benn »die Situation nach dem Zweiten Weltkrieg als Ende eines ganzen, Antike und Neuzeit umfassenden Kulturkreises deutet« (Steinhagen, S. 185). Das Gedicht dokumentiert nicht nur den selbstverständlichen Umgang mit der klassischen Antike, sondern auch die Übereinstimmung vieler Schriftsteller in der Nachkriegszeit, für Benn freilich eine überraschende Wende.

Der Text des Gedichtes von Alexander Lernet-Holenia lautet:

An Gottfried Benn

> *»Ich schnitt die Gurgel den Schafen*
> *und füllte die Grube mit Blut,*
> *die Schatten kamen und trafen*
> *sich hier — ich horchte gut —,*
> *ein jeglicher trank, erzählte*
> *von Schwert und Fall und frug,*
> *auch stier- und schwanenvermählte*
> *Frauen weinten im Zug«*

Und führest du auch wirklich jenes Wegs,
den, längst vor dir, der Dulder fuhr, zum Rande
der Nacht; und zögest, du und die Gefährten,
an jenem Ufer, das mit Trauerweiden
bestanden ist, mit Erlen und mit Pappeln,
das Schiff zu Land; und sähest noch – so still
ist hier die Luft, das Meer so regungslos –

im nassen Sand die Spur vom Kiele des
Odysseus, ach, und grübest (fändest du
die Grube nicht mehr, welche er gegraben)
landeinwärts mit dem Degen eine zweite,
von einer Elle im Geviert, und gössest
wie er, und dennoch nicht wie er, das Blut
von zweien Schafen, nein, von zweien Kriegen
das ganze Herzblut der Verwundeten,
Verstümmelten und Toten in die Grube
und alle Tränen, die die Welt darum
geweint; und alle Seelen kämen aus
dem Erebos, die wesenlosen Bilder
von Frau'n und Männern, Jünglingen und Bräuten,
noch unentschleierten, von Kindern
und von Königen und Knechten, Kriegern, Greisen
und Priestern, und auch aller Seher Schatten,
die je, im Leben noch, die Völker wie
Gespenster ängsteten; und alle, ein
unendliches Gewimmel, drängten sich,
von Schmuck und Totenkronen, Harnischen
und Diademen schimmernd, an die Grube
und tränken alles Blut und alle Tränen,
und du befragtest sie, – sie blieben stumm,
wie alles stumm geblieben, was du je
befragt, und wendeten sich, wie mit Wagen
und Reitern weithin wendend, von dir ab
und zögen wieder in die Nacht, verhüllt
der Zug der Männer, und von stier- und schwanen-
vermählten Frauen der verweinte Zug.

Noch ehe die *Statischen Gedichte* erschienen, hatte sich zwischen Gottfried Benn und Max Niedermayer, dem Verleger des 1946 von ihm gegründeten Limes Verlag in Wiesbaden, eine Beziehung angebahnt, die beide Partner zu ganz ungewöhnlicher Produktivität anspornen sollte. Es war sicherlich ein Glücksfall, daß Max Niedermayers kurze Anfrage, datiert vom 27. Juli 1948 – veröffentlicht in Niedermayers immer noch lesenswerten Erinnerungen *Pariser Hof* (1965, S. 45 f.) – gerade in die Zeit fiel, in der sich Benn über den Schweizer Verleger ärgerte. Ein paar Tage bevor er den oben zitierten Brief an Peter Schifferli schrieb, antwortete Benn dem unbekannten Wiesbadener Verleger, für den sich ein junger Literat, Paul Erich Lüth, der damals in der Szene der deutschen Nachkriegsliteratur einen immer noch faszinierenden Wirbel hervorrief, so sehr eingesetzt hatte. Dieser Freund Alfred Döblins besuchte Benn zum ersten Mal im Frühjahr 1948 in Berlin. So wie der gleichaltrige Hürsch die Beziehungen zu Schifferli hergestellt hatte, so war es Lüth, der die Verbindung zu Niedermayer anbahnte: Auch dies war zweifellos eine seltsame Koinzidenz.

Am 18. August 1948 hatte Benn dem neuen Verleger konkrete Vorschläge zur Veröffentlichung seiner Werke unterbreitet, doch er schloß mit der Bemerkung:

Ich kann anständigerweise keinem Verleger zureden, sich dafür zu interessieren, die Sachen würden sehr starken Widerspruch finden und als unzeitgemäß angesehn wer-

den. *Die mir so wohl bekannten Angriffe gegen meinen Ästhetizismus, Esoterismus, Asozialismus würden wieder beginnen. Mir persönlich ist das völlig gleich, aber andere mit meinen im wesentlichen tragischen Gedanken zu belasten, kann ich mich kaum entschließen und bin daher gar nicht so versessen darauf, wieder in der Öffentlichkeit zu erscheinen.*
Ich bitte Sie, sich den Fall nochmals zu überlegen u. mir mitzuteilen, ob Sie Ihr freundliches Interesse aufrechterhalten wollen. Wenn ja –, würde ich Ihnen die Manuskripte übersenden.

Die Entscheidung, die Benn danach traf, war sicherlich nicht allein aus Verärgerung entstanden. Als deutschem Autor lag ihm verständlicherweise daran, seine Werke in dem Land veröffentlicht zu sehen, in dem er lebte. Er wollte seine Stimme im Nachkriegsdeutschland zu Gehör bringen. In einem Brief an Oelze (22. 8. 1948) warf er Peter Schifferli *Mangel an Respekt vor dem Autor* vor, aber er fuhr dann fort: *Ich mag ihm als Schweizer auch gar keine Verantwortung für meine Dinge auferlegen und ihn zu Maßnahmen veranlassen, die ihm Schwierigkeiten machen.*
In dem Brief vom 24. Oktober 1948, in dem Benn dann den Empfang der Exemplare der *Statischen Gedichte* bestätigte, teilte er Schifferli seine neue Verlagsbeziehung mit, die inzwischen bereits konkrete Formen angenommen hatte:

Dr. G. BENN *Bozener Straße 20 pt.*
Facharzt für Hautkrankheiten *Tel.: 71 20 97*
Berlin-Schöneberg, den 24. X. 48.

Sehr verehrter Herr Schifferli,
Herr Hürsch ist eingetroffen und hat mir die 10 Exemplare der Statischen Gedichte überbracht, dazu Ihren Brief (dessen Copie ich schon früher durch die Post erhalten hatte), ferner die Manuskripte und Zeitungsausschnitte und den Brief mit Gedicht von Lernet-Holenia. Haben Sie für das Alles vielen Dank. Der Band der Gedichte ist äusserlich ganz prachtvoll, weit schöner, als es jetzt in Deutschland möglich wäre, schon dafür allein müsste ich Sie meiner grössten Dankbarkeit versichern. Mehr aber noch für die Tatsache des Erscheinens überhaupt. Seien Sie überzeugt, dass ich Ihr Interesse, Ihre Aufmerksamkeit, Ihr Wohlwollen für den Band tief empfinde. Dass der grosse Herr Rychner so schöne Worte für das Erscheinen veröffentlichte, ist mir eine Ehre und eine gewisse Beruhigung im Hinblick auf Sie, nämlich als Zeichen, dass Sie keinen allzu schweren Fehlgriff mit dieser Publikation getan haben.
Ihre beiden Fragen erlaube ich mir folgendermassen zu beantworten:
1) falls Sie noch Interesse an dem Goetheaufsatz haben, übergebe ich Ihnen gern auch die Lizenz für Deutschland dafür. Wenn dies der Fall ist, teilen Sie es mir bitte mit, ich sende ihn Ihnen dann wieder zu.
2) die Lizenz für den Gedichtband in Deutschland: zwei Verläge wären interessiert daran, nämlich a) der Bühler-Verlag in Baden-Baden, er schrieb dieserhalb an mich. Adresse: Langestr. 47 b) der Limes-Verlag in Wiesbaden, Spiegelgasse 9. Inhaber: Herr Max Niedermayer.

Mit diesem Verlag habe ich inzwischen einen Vertrag abgeschlossen über einen Band neuer Essays und einen Band der Ihnen bekannten Novellen, beides soll noch in diesem Winter dort erscheinen. Dieser Verlag will mein gesamtes Oeuvre übernehmen, auch die eventuelle Lizenz von Ihnen für den Goetheaufsatz, falls Sie ihn bringen. Dieser Verlag ist jung, ich kenne ihn nicht näher, aber bei uns ist ja alles problematisch und ungesichert, und der Verleger zeigt sich so impulsiv interessiert, dass ich zunächst über diese beiden Bände mit ihm abgeschlossen habe. Ich persönlich weiss über die geschäftliche Bedeutung dieser Art Lizenzvertragsabschlüsse nicht Bescheid und überlasse es Ihnen zu entscheiden. Sie brauchen sich aber von mir aus garnicht damit zu beeilen und wenn es Ihnen Schwierigkeiten macht, warten Sie doch damit ab.

Zum Schluss eine Bitte, die ich ungern vortrage, da Sie mich ja durch Ihre grosszügigen Paketsendungen überreichlich honoriert haben und ich bestimmt gar keinen Anspruch auf die im Vertrag vorgesehenen 20 Freiexemplare mehr habe. Andernfalls, und da Sie ja in keiner Weise geschäftlich denken, hätte ich grosse Vorteile davon, wenn ich noch die restlichen 10 Exemplare erhalten könnte, um einige an literarische Freunde zu vergeben. Wäre es vielleicht möglich, dass Sie mir als Brief oder Drucksache in gewissen Abständen je ein Exemplar sendeten? Ich wäre Ihnen sehr verbunden dafür.

Und nun nochmals nehmen Sie meinen Dank und den Ausdruck meiner aufrichtigen Ergebenheit. Ich bitte um eine Empfehlung an Ihre Mitarbeiterin Fräulein Ruf.

Ihr ergebenster Gottfried Benn.

Der Brief von Lernet anbei zurück.

Am 30. Oktober 1948 schrieb Max Niedermayer an den Arche Verlag wegen der Lizenzausgabe der *Statischen Gedichte*, und Schifferli teilte dies umgehend am 2. November Gottfried Benn mit: *Aus dem Urlaub zurückgekehrt, finde ich einen Brief vom Limes-Verlag in Wiesbaden vor. Es scheint, daß Sie sich grundsätzlich mit der Lizenz-Ausgabe unseres Gedichtbandes im Limes-Verlag einverstanden erklärt haben.* Im übrigen bemühte sich Schifferli, Versäumtes wieder gutzumachen: *Auch wäre ich Ihnen für einen Hinweis darauf dankbar, ob wir einige oder alle Gedichte, welche Sie s.Z. für unsere Ausgabe vorgeschlagen hatten, in die Lizenz-Ausgabe aufnehmen sollten.*

Das Dreiecksverhältnis des Autors zwischen zwei Verlegern mit ähnlichen literarischen Programmen war sicherlich für alle Beteiligten am Ende des denkwürdigen Jahres 1948, mit dem die erste Nachkriegszeit allmählich zu Ende ging, nicht leicht. Doch Schifferli ließ es gegenüber Gottfried Benn nicht an Fairneß fehlen. Er schrieb ihm am 8. November 1948: *Mit dem Limes-Verlag haben wir uns grundsätzlich geeinigt, und ich freue mich herzlich, daß nun Ihr großes Werk in so vielfacher Gestalt erscheinen kann.*

Aber auch Benn wußte, daß er dem Schweizer Verlag die Rückkehr in die literarische Öffentlichkeit verdankte. Dieses Verdienst kommt Peter Schifferli und dem Arche Verlag uneingeschränkt zu. Am 12. Dezember 1948 schickte der Autor einen handschriftlichen Weihnachtsgruß nach Zürich:

12. XII. 1948   *Berlin*
Sehr verehrter Herr Schifferli,
zu Weihnachten und zu Neujahr möchte ich Ihnen einen Gruss senden und der Hoffnung Ausdruck geben, dass Ihnen angenehme Festtage und ein gutes Neues Jahr bevorsteht. Mit diesem Gruss verbinde ich nochmals meine Gefühle des Dankes gegen Sie und Ihren Verlag, der es mir ermöglichte, wieder in die Deutsche Literatur einzutreten. Ich hoffe, dass Sie es nicht bedauern, durch Herrn Hürsch an mich geraten zu sein und dass Sie die interessante Kritik aus der Frankfurter »Neuen Woche« vom 20. XI. 48 über das Buch erhalten haben.
Zu bedanken habe ich mich dann noch für das Paket vom 9. XI. 48, das ich bestimmt nicht meiner literarischen Produktion, sondern allein Ihrer verlegerischen Güte zu verdanken habe.
Nehmen Sie meine Weihnachtswünsche bitte freundlich entgegen und bleiben Sie gewogen
                                      Ihrem aufrichtig ergebenen
                                                     Gottfried Benn
(expediert durch Herrn Hürsch)   *Bitte wenden!*

13. XII. 48
Ich öffne den Brief nochmals, um Ihnen mitzuteilen, dass ich heute – erst heute! – Ihren Brief vom 16. XI. 48 erhielt. Tausend Dank. Anbei den Vertrag zurück, hocherfreut, dass Sie den Plan verwirklichen wollen. Ein Vertragsexemplar anbei zurück; das andere ist von Ihnen nicht unterschrieben, aber es genügt mir auch so vollkommen.
                                                   Ihr sehr ergebener
                                                                 Benn

Der Goethe-Essay erschien zum Goethe-Jahr – freilich wiederum äußerst spät – im August 1949 im Arche Verlag. Das Tempo, das der deutsche Kollege in Wiesbaden vorlegte, war des bedächtigen Schweizers Sache nicht. Der Arche Verlag legte in den Lizenzverhandlungen mit dem deutschen Partner Wert auf äußerste Korrektheit, und so erschien die Lizenzausgabe der *Statischen Gedichte* erst im März 1949 mit dem Impressum: »Ein Buch der Arche im Limes Verlag Wiesbaden«.

Mit ungewöhnlichem Elan hatte sich Max Niedermayer für das Werk Gottfried Benns eingesetzt. In kürzester Frist waren die Gespräche *Drei alte Männer* im Dezember 1948 und der Prosaband *Der Ptolemäer* im Februar 1949 erschienen. Schon im Juni folgte der Band *Ausdruckswelt* und Ende November bereits der neue Gedichtband *Trunkene Flut*. Angefeuert durch einen begeisterten Verleger, brachte Benn Buch für Buch heraus: Was sich über Jahre des Schweigens angestaut hatte, kam nun ans Licht. In der Tat: das einzigartige Comeback eines großen Schriftstellers.

Peter Schifferli wäre dieser Rasanz sicherlich nicht gewachsen gewesen, aber die briefliche Verbindung zwischen Autor und Verleger setzte sich über Jahre fort. Durch Schifferli war Benns Interesse an der Schweiz entstanden: *Ich bin jedesmal von neuem überrascht, wie die Schweiz alle geistigen Strömungen aus dem deutschen Sprachraum in sich zu vereinigen versteht, die besten Autoren und die interessantesten Gedanken, alles strömt in Ihr wunderbar gesichertes und blühendes Land. Es rettet, was in Deutschland aus Not*

und als Folge innerer und äußerer Mängel sonst verlorenginge. (Benn an Schifferli, 9. 1. 1949)
Insbesondere war Benn von der Aufnahme seiner Gedichte in der Schweiz beeindruckt. In einem langen Brief an seinen Verleger vom 4. September 1949 heißt es:

Was die früheren Gedichte angeht, so habe ich vor einigen Wochen mit dem Limesverlag darüber abgeschlossen, dass sie noch in diesem Herbst dort erscheinen. Hätte ich früher zu ahnen gewagt, dass Sie sich dafür interessieren, hätte ich es wohl nicht getan, nachdem ich sehe, wie sehr beschämend intensiv, klug und nachsichtig die Schweizer Zeitungen meiner gedenken. Vor Allem der Aufsatz von Herrn Rychner ist so überwältigend und führt mit so raffiniert dialektischem Blick und Sinn in meine Welt ein, dass ich immer noch davon benommen bin und zu einem Dank noch keine Distanz und innere Gelassenheit gefunden habe. Er hat auch hier in Deutschland das grösste Aufsehn erregt. Wenn der grösste Literaturkritiker des deutschen Sprachraums sich so mit einem Deutschen beschäftigt, können selbst die Gegner und Konkurrenten das nicht übersehn.
Die Lage in Berlin ist schlecht. Das Einzige, was es bietet, sind Spannungen, täglich, stündlich, geistig und materiell. Ein Netz von Funken und Strahlen fluoresziert ohne Unterbrechung über seinen Dächern. Ich glaube, dass weder Paris noch London so die Zeichen der Gefahren trägt, die uns alle bedrohn. Hier ist Karthago vor der letzten Zerstörung und Pompeji, ehe der Vulkan begann. Aber auch ein schöner Spätsommer ist augen-

blicklich mit dem schon fahlen Licht und dem Zögern der Rosen und der Stunden. Also etwas für die morbiden Empfangsapparate, wie es das von Herrn Rychner geschilderte »Lyrische Ich« besitzt.

In der Tat war der Schweizer Max Rychner ein kongenialer Literaturkritiker, für Benns Wirkung in den fünfziger und sechziger Jahren eine Schlüsselfigur. *Max Rychner spricht immer wieder von Ihnen und von Ihrem Werk*, schrieb Schifferli an Benn am 14. Dezember 1949. *Es zeigt sich immer mehr, daß er in Ihnen die letzte Möglichkeit einer abendländischen Existenz bewundert.*
Benn war wieder ein berühmter deutscher Autor geworden, gefeiert, gefragt, gefordert: Preise, Reisen, Rundfunksendungen...
Im Frühjahr 1953 endlich lernte der Autor seinen Verleger kennen. Peter Schifferli schreibt darüber:

Ende März 1953 konnte Gottfried Benn endlich den lange angekündigten Besuch in Zürich machen. Wir hatten uns in der »Kronenhalle« verabredet. Er hatte den Eckplatz unter der späten Herbstlandschaft von Braque gewählt, deren dunkelbraun-goldener Farbklang sein Gesicht auffallend bleich erscheinen ließ. Als ich auf ihn zutrat, gab er mir wortlos die Hand. Er schaute mich lange an. »*So jung sind Sie*«*, sagte er dann, scheinbar überrascht. Und als ich mich gesetzt hatte, fügte er lächelnd hinzu:* »*Eigentlich merkwürdig, daß Sie an den*

Gedichten und Gedanken eines müden alten Mannes in all den Jahren so starken Anteil nehmen konnten...

Schifferli bewahrte seinem Autor auf seine Weise die Treue, doch er machte es seinem Wiesbadener Kollegen dadurch auch nicht leicht. Seit der Lizenzausgabe der *Statischen Gedichte* 1948/49 stand man im Briefwechsel: Aber Eifersucht und Mißgunst erschwerten die briefliche Verbindung. Zwei angesehene Verleger – der eine ein Schweizer in der Sicherheit seines Landes und der andere ein Deutscher auf den Trümmern der Geschichte – verehrten ihren Autor, aber sie setzten sich über Nebenrechte und Absprachen auseinander. Gottfried Benn stand oft zwischen zwei Feuern; dem einen Verleger kam das Verdienst zu, ihn zuerst veröffentlicht zu haben, dem anderen aber der Erfolg, Benns Werk im In- und Ausland wieder berühmt gemacht zu haben. Schifferli wachte eifersüchtig über seine Rechte, und Niedermayer tat das Gleiche. Nach langem Bangen erlebte es der Dichter anläßlich seines 70. Geburtstags noch, daß seine *Gesammelten Gedichte* als Ausgabe letzter Hand zum 2. Mai 1956 als Gemeinschaftsunternehmen des Limes Verlags und des Arche Verlags erschienen. Benn hatte intervenieren müssen, da sich die beiden Verleger lange nicht einig werden konnten. Verständlicherweise war Schifferli enttäuscht, daß Niedermayer ihm nicht die Rechte für eine kleine Geburtstagsveröffentlichung einräumte. *Es tut mir ganz aufrichtig leid*, schrieb Benn am 9. März 1956 nach Zürich, *daß in*

Ihrem berühmten exclusiven Verlag nicht wieder einmal etwas von mir erscheinen sollte, und ich werde, falls ich diesen elenden Geburtstag überstehen sollte, diese Absicht im Auge behalten. Aber, lieber Herr Schifferli, wenn es auch im Augenblick nichts ist, so werde ich doch am 2. Mai Ihrer besonders gedenken, da Sie es waren, der nach 1945 mir den Weg in die literarische Öffentlichkeit wieder eröffnet hat.

Benn hielt Wort. Der letzte Gruß an den Schweizer Verleger, eine Postkarte vom 29. April 1956, hat den Wortlaut:

*Sehr verehrter Herr Schifferli,
ich möchte, dass Sie diesen Gruss am 2. V. bekämen. Er soll Ihnen sagen, dass ich an diesem Tag Ihrer mit besonderer Dankbarkeit gedenke.*
                                    *Ihr ergebenster
                                    Gottfried Benn.*

Am 7. Juli 1956 starb Gottfried Benn in Berlin. Auch die Verleger leben nicht mehr: Max Niedermayer verstarb am 23. Mai 1968 im Alter von 63 Jahren, Peter Schifferli am 8. Dezember 1980 59 Jahre alt. Das Kapitel »Gottfried Benn und die Arche« aber ist Geschichte geworden, man kann heute darüber schreiben.

Die Literaturgeschichte geht eigene Wege. Sie ist nicht nur die Geschichte der Autoren und ihrer Werke, nicht nur die Kenntnis vom Wandel der Wirkung und Rezeption, also nicht nur Lesergeschichte, sondern Literaturgeschichte hat auch die Entstehungsgeschichte literarischer Werke zu untersuchen: Sie ist mit der Geschichte des Buches, der Verleger und ihrer Lektoren aufs engste verknüpft. Ohne Verlagsgeschichte läßt sich neuere Literaturgeschichte nicht verstehen. Die Entstehung von Gottfried Benns *Statischen Gedichten* ist dafür ein vorzügliches Lehrstück.

Wenn man in Gottfried Benns Gedichten, meist in den Jahren des öffentlichen Schweigens zwischen 1937 und 1947 geschrieben, in der vorliegenden Ausgabe liest, so hat man sich zu erinnern, daß der Band die von Schifferli gewollte Gestalt überliefert. Allerdings: die Reihenfolge entspricht dem Manuskript der 44 Texte, die Gottfried Benn an den Verlag schickte. Von den fünf Gedichten, die nach Schifferlis Meinung den lyrischen Ton des Ganzen so sehr sprengten, wurden zwei bedeutende noch nachträglich eingefügt: *Chopin* und *St. Petersburg – Mitte des Jahrhunderts*. Die beiden langen Gedichte *Monolog* und *1886*, die in der Tat unter dem unmittelbaren Eindruck des letzten Krieges im Stil mehr der »expressionistischen« als der »statischen« Phase des Autors zugehören, wurden in den Prosaband *Doppelleben. Zwei Selbstdarstellungen* (Limes Verlag 1950) eingebaut. Das Gedicht *Clemenceau* schließlich wurde erst posthum in dem Band *Primäre Tage* publiziert.

Daß der Verleger nach der letzten Korrektur auch noch den dem Autor in seiner damaligen äußeren Situation so wichtigen, die eigene Existenz verschlüsselt spiegelnden Zyklus – *Gewisse Lebensabende* fortließ, führte dann zu der beschriebenen Krise in der Beziehung zwischen Autor und Verleger. Daß Benn allerdings auf diese Weise das kurze Gedicht *Sommers* noch im letzten Moment unterbringen konnte, sollte zur Ehre Peter Schifferlis nicht unerwähnt bleiben.

Benn hatte von Anfang an einige ältere Gedichte vorgesehen, die schon in den *Ausgewählten Gedichten* von 1936 gedruckt waren: *Am Saum des nordischen Meer's, Sils-Maria, In Memoriam Höhe 317, Liebe* und *Turin*. Der Verleger erbat drei weitere 1936 gedruckte Gedichte: *Tag, der den Sommer endet, Astern, Ach, das Erhabene*. Das bedeutete, daß die *Statischen Gedichte* acht bereits veröffentlichte Texte enthalten. Aber sie fügen sich dem Charakter der »statischen« Gedichte ein: Mit diesem Terminus bezeichnete der Autor als einstiger expressionistischer Lyriker seine Wende zu Maß und Form, seine Statik im Umbruch der Zeiten. In dem ersten Brief an Peter Schifferli hatte er diese Absicht skizziert.

Benn hatte sich seit 1946 um die Veröffentlichung einer Gedichtsammlung *Statische Gedichte* bei Karl Heinz Henssel und bei anderen Verlegern bemüht. Für den Arche Verlag reicherte er dieses erste Nachkriegsmanuskript an um einige kurze, berühmt gewordene Gedichte, die er den Briefen an Oelze aus Hannover 1936/37 beigelegt hatte: *Anemone, Einsamer nie –, Wer allein ist –, Spät im Jahre –,*

Suchst du –, Leben – niederer Wahn, Die Gefährten.
Schließlich fügte der Autor noch einige jüngst
entstandene Gedichte ein: *Quartär* und *Orpheus'*
Tod. Das einleitende *Ach, das ferne Land* – bezeichnete Gottfried Benn in einem Brief an Oelze vom 18.
Januar 1945 als sein *liebstes Gedicht: Das war eine*
Augenblickssache und steht mir nahe. So war der Band
sorgfältig über Jahre hin bedacht und geplant
worden.

Als der Limes Verlag im Frühjahr 1949 die Lizenzausgabe für Deutschland herausgab, unterschied sie
sich von der Originalausgabe durch zwei Zusätze:
Das von Peter Schifferli fortgelassene Gedicht –
Gewisse Lebensabende wurde aufgenommen und ein
neues, *Acheron,* eingefügt. Der Schweizer Verleger
hatte dies dem Autor gegenüber zugestanden,
wenngleich Niedermayer Komplikationen fürchtete, die aber ausblieben.

Da die *Gesammelten Gedichte* von 1956 – die Reihenfolge dieser Ausgabe letzter Hand liegt auch der
Gesamtausgabe von 1962 zu Grunde – in dem
Abschnitt 1937–1947 nicht alle Texte der *Statischen*
Gedichte in der Schweizer bzw. deutschen Ausgabe
zusammengelassen haben, ist die Lektüre der Originalausgabe noch immer unentbehrlich, wenn man
sich die Bedeutung dieses Lyrikbandes vergegenwärtigen will.

Die *Statischen Gedichte* haben entscheidend das
Benn-Bild der fünfziger und sechziger Jahre geprägt. Schifferli druckte in der ersten Auflage 3000
Exemplare, und er räumte dem Limes Verlag eine
einmalige Lizenzausgabe von 2000 Stück ein. 1968

erschien die 8. Auflage in der Reihe der »Kleinen Bücher der Arche«: 17000 Exemplare waren bis dahin verkauft worden, die *Statischen Gedichte* waren für den Arche Verlag nach dem Tod Gottfried Benns zu einem vielgekauften Geschenkbuch geworden.

Integriert in das literarische Leben der Zeit, war Benn in den fünfziger Jahren der bekannteste Lyriker geworden. Mit der Herausgabe der *Statischen Gedichte* hatte dieser ungewöhnliche erneute Ruhm begonnen. Eine der hymnischen Kritiken schrieb Friedrich Sieburg im Januar 1949 in der *Gegenwart*: »Mit einem einzigen Flügelschlag reißt uns eine neue Dichtung Gottfried Benns über das Stimmengewirr der um lyrischen Ausdruck bemühten Gegenwart hoch hinaus. In eisigem Licht wird das menschliche Herz in seiner Einsamkeit plötzlich sichtbar.«

Da die Geschichte uns immer wieder einholt, haben wir uns ihrer zu erinnern. Gottfried Benns *Statische Gedichte* sind ein historisches Dokument des 20. Jahrhunderts geworden. Man sollte an das Ereignis nicht nur erinnern, sondern man sollte diese Lyrik heute wieder lesen. Sie ist für die Gegenwart gültig geblieben.

Editorische Notiz

Gottfried Benns *Statische Gedichte* wurden nach der Erstausgabe – Zürich im Verlag der Arche (1948). 80 S. 8° – neu gedruckt. Die einmalige Lizenzausgabe – ein Buch der Arche im Limes-Verlag Wiesbaden (1948). 80 S. 8° – enthält zwei zusätzliche Gedichte: *Acheron* (S. 37) und – *Gewisse Lebensabende* (S. 59). Für die Darstellung der Druckgeschichte wurden die Korrespondenzen im Arche Verlag, Zürich benutzt. Für die Veröffentlichung bisher ungedruckter Briefe dankt der Herausgeber dem Verlag Klett-Cotta und Frau Dr. Ilse Benn (Wolfschlugen). Drei Briefe Benns an den Arche Verlag wurden bereits in Peter Schifferlis Vorwort seiner Briefauswahl publiziert: Gottfried Benn, *Briefe an Ernst Jünger, L. R. Curtius, Max Rychner u. a.* Zürich, im Verlag der Arche. 1960.
Benutzt wurde die vorzügliche Untersuchung von Harald Steinhagen, *Die Statischen Gedichte von Gottfried Benn. Die Vollendung seiner expressionistischen Lyrik.* Stuttgart, Klett 1969 (Veröffentlichungen der Deutschen Schillergesellschaft, Bd 28). Der Verfasser zog allerdings für seine Darstellung der Druckgeschichte die vorliegende Korrespondenz nicht heran.

Als weitere gedruckte Quellen wurden schließlich benutzt:

Max Niedermayer, *Pariser Hof*. Limes-Verlag Wiesbaden 1945–1965. (Wiesbaden, Limes Verlag. 1965).
Briefe an den Verleger Max Niedermayer zum 60. Geburtstag. (Hrsg. von Marguerite Valerie Schlüter). Wiesbaden, Limes (1965). – Mit Abdruck von Briefen Benns an den Limes Verlag.
Gottfried Benn, *Den Traum alleine tragen*. Neue Texte, Briefe, Dokumente. (Hrsg. von Paul Raabe und Max Niedermayer). Wiesbaden, Limes (1966).
Gottfried Benn, *Briefe an F. W. Oelze 1945–1949*. (Hrsg. von Harald Steinhagen und Jürgen Schröder). Wiesbaden, Limes (1979).

P.R.

Biographische Notiz

Gottfried Benn, geboren 2. Mai 1886 in Mansfeld (Brandenburg). Studium der Philologie und Theologie in Marburg und Berlin, anschließend der Medizin. Promotion 1912 und erste Gedichtveröffentlichung, *Morgue und andere Gedichte*. Gehörte zum Kreis der Expressionisten. Freundschaft mit Else Lasker-Schüler. Im Ersten Weltkrieg Militärarzt in Belgien. Ab 1917 niedergelassener Facharzt für Haut- und Geschlechtskrankheiten in Berlin. Verteidigte 1933 vorübergehend die nationalsozialistische Ideologie. 1935–37 Oberstabsarzt in Hannover. Seit 1938 Schreibverbot. Mit der Veröffentlichung der *Statischen Gedichte* 1948 im Arche Verlag, Zürich, begann Benns Comeback im Nachkriegsdeutschland. 1951 Georg-Büchner-Preis. Er starb am 7. Juli 1956 in Berlin.

Der Herausgeber, *Paul Raabe*, geboren 21. Februar 1927, Prof. Dr. phil. Drs. mult. h. c. 1958–68 Leiter der Bibliothek des Dt. Literaturarchivs Marbach a. N. 1968–92 Direktor der Herzog August Bibliothek Wolfenbüttel. 1992–2000 Direktor der Franckeschen Stiftungen in Halle a. S. Lebt in Wolfenbüttel. Zahlreiche Veröffentlichungen zum Expressionismus (u. a. Hg. der *Arche-Editionen des Expressionismus*) sowie zum Buch- und Bibliothekswesen. Bei Arche erschienen u. a. folgende Arche Kultur Reiseführer: *Spaziergänge durch Goethes Weimar* (1990; 10. Aufl. 2005), *Spaziergänge durch Nietzsches Sils-Maria* (1994; 6. Aufl. 2005), *Spaziergänge durch Lessings Wolfenbüttel* (1992) sowie die drei Erinnerungsbände: *Bibliosibirsk oder Mitten in Deutschland. Jahre in Wolfenbüttel* (1992), *In Franckes Fußstapfen. Aufbaujahre in Halle an der Saale* (2002) und *Mein expressionistisches Jahrzehnt. Anfänge in Marbach am Neckar* (2004).

Gottfried Benn liest:

Statische Gedichte

Begleit-CD zur Gedichtsammlung

[1]	Ach, das ferne Land – (Seite 9) SDR 1948	1:16
[2]	Quartär – (Seite 10) NDR HH 1956	2:12
[3]	Chopin (Seite 13) HR 1951	2:06
[4]	Verse (Seite 19) SDR 1954	2:18
[5]	Gedichte (Seite 21) SFB 1955	1:40
[6]	Bilder (Seite 22) SDR 1954	1:12
[7]	Welle der Nacht (Seite 23) SDR 1948	0:42
[8]	Am Saum des nordischen Meer's (Seite 24) SDR 1954	2:23
[9]	Dann – (Seite 28) NWDR 1956	0:58
[10]	Astern (Seite 32) SDR 1948	0:50
[11]	Ein Wort (Seite 39) SFB 1950	0:32
[12]	Sils-Maria (Seite 42) SDR 1948	1:06
[13]	In Memoriam Höhe 317 (Seite 47) SDR 1948	1:05
[14]	Verlorenes Ich (Seite 48) SDR 1948	1:54
[15]	Einsamer nie – (Seite 59) SDR 1954	0:56
[16]	Wer allein ist – (Seite 60) SFB 1950	0:46
[17]	Anemone (Seite 65) NWDR 1956	0:43
[18]	Leben – niederer Wahn (Seite 69) SFB 1949	0:47
[19]	Abschied (Seite 72) NWDR 1956	2:08

Wir danken dem mOceanOTon Verlag, Ebenhausen, für die Zusammenstellung der verschiedenen Tondokumente.